近代精神文化系列

三民主义史话

A Brief History of the "Three People's Principles" of China

贺　渊 / 著

社会科学文献出版社
SOCIAL SCIENCES ACADEMIC PRESS (CHINA)

图书在版编目（CIP）数据

三民主义史话/贺渊著．—北京：社会科学文献出版社，2011.12
（中国史话）
ISBN 978-7-5097-2831-4

Ⅰ.①三…　Ⅱ.①贺…　Ⅲ.①三民主义-研究
Ⅳ.①D693.0

中国版本图书馆 CIP 数据核字（2011）第 222332 号

“十二五”国家重点出版规划项目

中国史话·近代精神文化系列

三民主义史话

著　　者／贺　渊

出 版 人／谢寿光
出 版 者／社会科学文献出版社
地　　址／北京市西城区北三环中路甲 29 号院 3 号楼华龙大厦
邮政编码／100029

责任部门／人文科学图书事业部（010）59367215
电子信箱／renwen@ ssap. cn
责任编辑／宋淑洁　韩莹莹
责任校对／黄　丹
责任印制／岳　阳
总 经 销／社会科学文献出版社发行部
（010）59367081　59367089
读者服务／读者服务中心（010）59367028

印　　装／北京画中画印刷有限公司
开　　本／889mm×1194mm　1/32　印张／5.125
版　　次／2011 年 12 月第 1 版　字数／99 千字
印　　次／2011 年 12 月第 1 次印刷
书　　号／ISBN 978-7-5097-2831-4
定　　价／15.00 元

总 序

中国是一个有着悠久文化历史的古老国度，从传说中的三皇五帝到中华人民共和国的建立，生活在这片土地上的人们从来都没有停止过探寻、创造的脚步。长沙马王堆出土的轻若烟雾、薄如蝉翼的素纱衣向世人昭示着古人在丝绸纺织、制作方面所达到的高度；敦煌莫高窟近五百个洞窟中的两千多尊彩塑雕像和大量的彩绘壁画又向世人显示了古人在雕塑和绘画方面所取得的成绩；还有青铜器、唐三彩、园林建筑、宫殿建筑，以及书法、诗歌、茶道、中医等物质与非物质文化遗产，它们无不向世人展示了中华五千年文化的灿烂与辉煌，展示了中国这一古老国度的魅力与绚烂。这是一份宝贵的遗产，值得我们每一位炎黄子孙珍视。

历史不会永远眷顾任何一个民族或一个国家，当世界进入近代之时，曾经一千多年雄踞世界发展高峰的古老中国，从巅峰跌落。1840 年鸦片战争的炮声打破了清帝国“天朝上国”的迷梦，从此中国沦为被列强宰割的羔羊。一个个不平等条约的签订，不仅使中国大量的白银外流，更使中国的领土一步步被列强侵占，国库亏空，民不聊生。东方古国曾经拥有的辉煌，也随着西方列强坚船利炮的轰击而烟消云散，中国一步步堕入了半殖民地的深渊。不甘屈服的中国人民也由此开始了救国救民、富国图强的抗争之路。从洋务运动到维新变法，从太平天国到辛亥革命，从五四运动到中国共产党领导的新民主主义革命，中国人民屡败屡战，终于认识到了“只有社会主义才能救中国，只有社会主义才能发展中国”这一道理。中国共产党领导中国人民推倒三座大山，建立了新中国，从此饱受屈辱与蹂躏的中国人民站起来了。古老的中国焕发出新的生机与活力，摆脱了任人宰割与欺侮的历史，屹立于世界民族之林。每一位中华儿女应当了解中华民族数千年的文明史，也应当牢记鸦片战争以来一百多年民族屈辱的历史。

当我们步入全球化大潮的21世纪，信息技术革命迅猛发展，地区之间的交流壁垒被互联网之类的新兴交流工具所打破，世界的多元性展示在世人面前。世界上任何一个区域都不可避免地存在着两种以上文化的交汇与碰撞，但不可否认的是，近些年来，随着市场经济的大潮，西方文化扑面而来，有些人唯西方为时尚，把民族的传统丢在一边。大批年轻人甚至比西方人还热衷于圣诞节、情人节与洋快餐，对我国各民族的重大节日以及中国历史的基本知识却茫然无知，这是中华民族实现复兴大业中的重大忧患。

中国之所以为中国，中华民族之所以历数千年而不分离，根基就在于五千年来一脉相传的中华文明。如果丢弃了千百年来一脉相承的文化，任凭外来文化随意浸染，很难设想13亿中国人到哪里去寻找民族向心力和凝聚力。在推进社会主义现代化、实现民族复兴的伟大事业中，大力弘扬优秀的中华民族文化和民族精神，弘扬中华文化的爱国主义传统和民族自尊意识，在建设中国特色社会主义的进程中，构建具有中国特色的文化价值体系，光大中华民族的优秀传统文化是一件任重而道远的事业。

当前，我国进入了经济体制深刻变革、社会结构深刻变动、利益格局深刻调整、思想观念深刻变化的新的历史时期。面对新的历史任务和来自各方的新挑战，全党和全国人民都需要学习和把握社会主义核心价值体系，进一步形成全社会共同的理想信念和道德规范，打牢全党全国各族人民团结奋斗的思想道德基础，形成全民族奋发向上的精神力量，这是我们建设社会主义和谐社会的思想保证。中国社会科学院作为国家社会科学研究的机构，有责任为此作出贡献。我们在编写出版《中华文明史话》与《百年中国史话》的基础上，组织院内外各研究领域的专家，融合近年来的最新研究，编辑出版大型历史知识系列丛书——《中国史话》，其目的就在于为广大人民群众尤其是青少年提供一套较为完整、准确地介绍中国历史和传统文化的普及类系列丛书，从而使生活在信息时代的人们尤其是青少年能够了解自己祖先的历史，在东西南北文化的交流中由知己到知彼，善于取人之长补己之短，在中国与世界各国愈来愈深的文化交融中，保持自己的本色与特色，将中华民族自强不息、厚德载物的精神永远发扬下去。

《中国史话》系列丛书首批计200种，每种10万字左右，主要从政治、经济、文化、军事、哲学、艺术、科技、饮食、服饰、交通、建筑等各个方面介绍了从古至今数千年来中华文明发展和变迁的历史。这些历史不仅展现了中华五千年文化的辉煌，展现了先民的智慧与创造精神，而且展现了中国人民的不屈与抗争精神。我们衷心地希望这套普及历史知识的丛书对广大人民群众进一步了解中华民族的优秀文化传统，增强民族自尊心和自豪感发挥应有的作用，鼓舞广大人民群众特别是新一代的劳动者和建设者在建设中国特色社会主义的道路上不断阔步前进，为我们祖国美好的未来贡献更大的力量。

陈奎元

2011年4月

⊙贺 渊

贺渊，1983 年毕业于杭州大学历史系，1986~1992 年在中国人民大学中共党史系，先后师从林茂生教授、彭明教授攻读中外政治思想史硕士、博士学位；1992 年毕业后到中国社会科学院近代史所工作至今，主要从事中国国民党思想史研究，已出版《三民主义与中国政治》、《新生命研究》等专著。

目录

引 言

今天，绝大部分生活在中国内地的年轻人对“三民主义”是陌生的。但是，从旧中国过来的人们却不同。前几年，当我告诉我的母亲，我将从事三民主义的研究时，她居然用纯正的湖南话背诵了《国父遗嘱》的全文。我十分吃惊，因为她从来不说湖南话，对孙文学说也没什么研究。随后，我了解到，抗日战争爆发以后，正在读小学的母亲随父母由上海、浙江、湖南、四川一路逃难。每到一处就在当地的学校上学。按照国民政府的规定，每星期一上午全校师生集合，由校长带领背诵《国父遗嘱》。于是，母亲不但会用湖南话，还会用四川话、上海话等方言朗读，直到50多年后的今天仍能脱口而出，宛如童年时期的儿歌。可见，三民主义对中国近代社会的影响至深，一度家喻户晓成为占统治地位的思想。

三民主义的内涵是很丰富的。简单地用一句话来概括就是：求中华民族独立的民族主义，求人民直接掌握政权的民权主义，求民生幸福的民生主义。

三民主义的创造者是革命的先行者孙中山先生。

一　孙中山行舟万里
酝酿三民主义

大海将陆地分割，海水却把地球连成一体。

1878 年的 5 月，12 岁的孙中山登上了前往檀香山的轮船，面对浩渺的大海，欣喜与企盼充塞了心房。多年以后，他对当时的情景仍记忆犹新：“13 岁随母往夏威夷岛。始见轮舟之奇，沧海之阔。自是有慕西学之心，穷天地之想。”

从此以后，万里行舟护送他周游世界，汲取救国救民的思想，寻觅志同道合的伙伴，传播自己的主张。

在檀香山

到檀香山后的第二年，孙中山的哥哥孙眉送他去火奴鲁鲁的意奥兰尼学校读书，这是一所由英国基督教办的教会学校。在这所学校，他平静地度过了三年时光，首次接触到了西方的思想。

学校的教材除了圣经、英语外，还有西方社会政治学说和自然科学方面的基础知识。与当时一般人不同，孙中山不是由中学而西学，而是由西学再中学。这对他以后的思想发展是颇有影响的。

当他踏上檀香山这片土地时。檀香山在当地女王的统治之下，并不属于美国。但是，美国却一心想吞并这块太平洋上的“跳板”。1874 年夏威夷（檀香山）发生内讧，美国乘机派军队干预，支持架剌鸠取得王位。随后，又迫使国王与之签订“互惠条约”，使夏威夷成为经济上的附庸，并插手干涉当地的政治，夏威夷的独立被剥夺，成为美国的势力范围。这必然引起当地人民的反抗，他们高呼“夏威夷是夏威夷人民的夏威夷!”，展开了争取民族独立的斗争。孙中山所在的学校是站在夏威夷争取独立的势力一边的。反殖民主义的民族主义思想如一粒种子，深埋在孙中山的心里，由他播撒到大洋彼岸的中国，在这块适宜的土地里生根、开花、结果。

2 在香港、澳门

1883～1896 年，孙中山在香港完成了中学和大学的学业，成为一名医生。这一阶段是孙中山自我塑造的重要时期，思想上，他由改良转变为革命；行动上，由言论批判发展为武装起义；组织上，成立了兴中会。

从国外归来的孙中山，带回的是一颗批判的脑袋。他从洪秀全和太平天国的故事中了解到，洪秀全造反首先就是砸烂已有的偶像，宣传基督教。一天，孙中山和他的小朋友陆皓东领着一些孩子跑进庙里，孙中山砸断了北帝一只朝天的手指，陆皓东用小刀刮掉了一个女神脸上的油彩。孙中山的举动激怒了村民，他被迫离开家乡跑到香港。

早期的模仿是幼稚的，早期的反抗精神却随着年龄学识的增长而趋理性。香港作为英属殖民地相对于内地自由多一些，孙中山在学医的同时，通过各种途径找来尽可能多的西方名著来充实自己。他最喜爱的书是《法国大革命》和《物种起源》。

《法国大革命》向他再现了1789年以来法国的资产阶级革命历程。《物种起源》是英国生物学家达尔文的力作，这本书以雄辩的事实和科学的考证证明万事万物不是上帝创造的，物种进化造就了目前千奇百怪、千变万化的世界，事物进化遵循的法则是“物竞天择、适者生存”。达尔文的观点本身就是一场革命，虽然他仅仅发现了生物界的发生、发展的规律，但其意义远远超过了生物学，给人们重新评估世界以武器。达尔文的《物种起源》问世后，他的理论就像一把锋利的刀，由不同的人掌握产生不同的效应。殖民主义、帝国主义者利用它，将强者侵略弱者，说成是“物竞天择、适者生存”的客观规律，是天经地义的。被压迫的弱小民族，因此产生对迫近的受奴役地位的危机感，认识到只有自强才能自立，于是从麻木不仁中惊醒。中国只能属于后者，进化论的观点起到了振聋发聩的作用。

孙中山在香港，能够及时地了解国内的情况，但这种了解是痛苦的。1884年，中法战争爆发，国内外的广大人民积极地投身于这场反侵略战争。香港也感受到了这种热情。孙中山看到船埠的工人拒修法国兵舰，码头工人拒绝装卸法国货物，工人罢工、商人罢市，感到欢欣快慰。1885 年，从中越边境传来捷报，清军和黑旗军在镇南关和谅山等地大败法军，法国的内阁也因此而倒台。这是自鸦片战争以来，中国人民首次取得反侵略的胜利。但是，腐败而懦弱的清政府却做了件连侵略者都感到意外的事——求和！乘胜求和！他们的逻辑是：在胜利的情况下求和，不至于有更大的损失。畏惧和自卑达到了无以复加的地步。中法《越南条款》就是在这种情况下签订的。血气方刚的孙中山因此而有志于推翻清王朝，进行革命。

与对外的卑怯形成鲜明对比的，是清政府对内统治的凶残与暴虐。1897 年，孙中山写了一篇《中国的现在和未来——革新党呼吁英国保持善意的中立》的文章，揭露清朝上下的腐败。

孙中山在文中说，中国人民主要遭受着四大苦难：饥荒、水患、疫病和生命与财产的毫无保障。这一切都是由贪污造成的。

比如，黄河水每年泛滥，为此，清廷设置了河道总督及其下属的一个班子，这些人的职责是防止河水泛滥成灾。但担任这一官职的大小官吏却视之为肥缺，他们以防洪抗洪为由，吞掉了防洪的费用不说，还要克扣工人的工资为自己敛财，结果，河水仍然泛滥不已，因此，老百姓说：“治河有上计，防洪有绝策，那就是斩了治河官吏的头颅，让黄河自生自灭。”

孙中山进一步指出这种贪污绝不是偶然的，根源是清政府的官僚制度。无论是进入官场还是提升，贿赂都是必不可免的。保荐贤才和捐班出身这两种方式，其中的曲折奥妙不需多言，就是科场出身也是舞弊累累。某些教师为了赚钱冒充学生代替考试，称之为代人“捉刀”。当了官以后，由于清政府实际上不给什么薪金，贪污成了唯一获得金钱的途径，上级因下级的贿赂而中饱，下级因为奉送多而得到升迁。因此，贪污和行贿反而成了政府机构运作的杠杆，朝廷上下对此视作当然。

孙中山的结论是：整个行政机关的糜烂是由它的体制造成的，因此，就是把新鲜血液输入官僚阶层，也无补于事。

孙中山在另一篇文章《中国之司法改革》中，刻画了清政府草菅人命的封建的司法制度。他在澳门行医时，发现了一个全身上下伤痕累累的病人，治疗根本不可能使他的病情有所好转。从接触中他了解到病人本是一位本分的船夫，有一天他走在河边，突然和一队兵勇相遇，莫名其妙地被抓到广东新会县官面前，二话不说先给了两百大板，然后让他招供。他说他连为什么被抓都不明白，如何招供。从县官口里得知，他们认为他是海盗。见他不招，便开始用酷刑，先跪在两卷锐利的铁键上，一夜之后，再次审问。仍不招，打手用压竹杠的方法逼供，直到他昏过去。过了十来天，再次审问，他的踝关节被打得粉碎，又是昏迷救了他；最后一次的刑罚叫“柴枝”，把压缩的锯末屑、木炭屑做成锥形，绑在犯人的手臂和腿上，点上火让它慢慢燃烧，迫使犯人忍受不住而屈打成招。但是，这个船夫奇迹般地挺过来了，这还是因为他当时已神志不清。经历了这样的折磨，他被判为无罪释放。孙中山指出它仅仅是个典型的事例，类似的冤假错案不胜枚举。除了对罪犯本人的残酷虐待外，还实行株连九族和戮尸的法规。这些，对于现代法制社会来说是不容许的，但是清朝的刑法遵循的却是这一思路。

就民事诉讼而言，孙中山指出因为皇帝的旨意和官僚的意志就是法律，民事诉讼是公开的受贿竞赛。衙门便没有使人信服之处。动用私刑的事时有发生。当村与村或族与族之间发生了冲突，在法制国家通过民事诉讼来解决，在中国，农民或是自己拿起武器或是双方招来打手，从而发生大规模的械斗。因此，现行的司法制度，绝不能保障社会的安定。

孙中山分析说：司法制度与现存制度密切相关，一方面，法律是制度的保护神；另一方面现存制度本身又创造了这个保护神。就像宗教上的神灵一样，人们膜拜它，是希望得到他的庇护，然而，它本身却是人们按照自己的愿望塑造的。法律制度正是这样体现了统治者的愿望和境界。因此，清统治者的法律制度并不是孤立的。

孙中山对清朝的民族政策、法律、行政、外交状况的分析充分说明改良或引进西方文明，或教育救国都不是治世的良药。只有用革命推翻这个王朝，建立共和国，才能使中国摆脱目前的困境，步入近代国家之林。为此，1894 年，孙中山在檀香山建立了兴中会，规定会员必须从事“驱除鞑虏、恢复中国，创立合众政府”的事业。“驱逐鞑虏、恢复中国”是将清王朝推翻，政权回到汉族手中，为民族主义的内容；“创立合众政府”，表示建立的政权是美国式的资产阶级民主制，体现了民权主义的需求。这就是三民主义的雏形。

3 在伦敦

兴中会成立以后，将总部设在香港，并在广州、檀香山建立了分会。1895 年重阳节孙中山、杨衢云、陆皓东、郑士良联络会党，密谋发动广州起义。但是，清政府从当时的一份报纸中得知了情况，他们抢先下手，逮捕并杀害了陆皓东等人，孙中山被迫逃亡海外。

这次未遂的武装起义使清政府对孙中山又恨又怕，必欲去之而后快。清总理衙门和驻美、英使馆和领事馆密切联系，并派人跟踪孙中山，阴谋逮捕孙中山。为了保险，孙中山断发化装奔走革命。1896 年 9 月当孙中山由纽约赴英国伦敦时，清驻伦敦使馆悄悄地布下了陷阱。

孙中山到伦敦，拜访了他大学时代的老师康德黎和孟生。康德黎家正好在使馆区附近。一天，他在前往康家的路上，有一个中国人上前问他是中国人还是日本人，孙中山说：“我是中国人”，那人又问他的家乡为何处，孙告诉说在广东。那人接口说：“我也是广东人，我们是同乡。”一边说着话，一边往前走。这样，孙中山随着他走到一座房子旁边，这时里面陆续又出来两位，上前与孙攀谈，并一边邀请一边推着孙进入了房子，当时孙并不知道这是中国使馆。一到房子里，身后的门便关上了，刚才客客气气的同乡这时沉下了脸，说："对你来说，这里就是中国。"他们先把他关在使馆的四楼，暗中计划找一条开往中国的船，在夜里将孙中山的嘴巴封住偷偷地运上船送到中国。如果不能活着偷运，就在使馆里将孙暗杀。孙中山深知他的处境，明白绝不能让他们把自己送回国。当时，每天有个英籍仆人来打扫卫生，孙中山多次说服他，让他替自己去康德黎家求救。仆人最终被说服了。康德黎与孟生知道情况后，立即行动，先由报纸披露真相，激起公愤，然后督促政府阻止这一阴谋。最后，在英国政府的干涉下，中国使馆被迫将孙中山释放。

从囚禁中释放的孙中山，对英国民众的觉悟和法制的力量更加佩服和倾心，坚定了对民主制度的向往。同时，清政府的卑鄙绑架在世界人民面前丢了自己的脸，暴露了它的反动。孙中山反而因此以"革命家"的称号扬名天下，扩大了影响。

孙中山在英国待了半年多，几乎每天在大英博物馆里看书。他的老师康德黎说他没有在玩乐上浪费一分钟，他对一切学科都感兴趣，涉猎了政治、外交、法律、军事和造船、采矿、农业、牲畜饲养、工程、政治经济学等等领域。然而，这一时期对他来说最重要的是对西方民主制度有了比较客观的认识。

19 世纪末，经历了资产阶级革命的欧洲，并没有一派升平景象。无产阶级和资产阶级的矛盾十分突出，财富分配极为不均。各种社会主义思潮流行，表达对资本主义的不满和对均平的社会的憧憬。

孙中山对此十分警觉，他对贫富不均有着切身的体会。他的父亲孙达成没有一亩地，靠租种别人的两亩地养家活口，为了多赚几个钱，他还在村里当更夫，为村里人报时辰。由于广州一带土地极少，许多贫苦人家的孩子漂洋过海去国外谋生，往往是有去无回。孙中山的大哥孙眉17岁时，也随着舅舅去檀香山当苦力。孙中山一家住在一间茅草屋里，没有饭吃，没有鞋穿，很小就和姐姐一起上山砍柴，下地干活。从而使他深切地体会到贫穷的含义，他迫切地希望天下没有受苦受难的人。由此，求民生共同幸福的思想油然而起。

当时欧洲流行的社会主义各派中，对他影响最大的是美国的社会改良主义者亨利·乔治的思想。亨利·乔治认为：①解决资本主义社会矛盾的关键在于土地问题的合理解决。随着工业的发展，人们对土地的需求日增，地价不断上涨。工业化造成有地者越来越富，无地者越来越穷，贫富分化因此剧烈；②土地私人所有是不公平的。土地如空气、阳光是人类的共同财富，谁都无权独占；③主张废除一切租税，单独征收地价税。也就是国家没收土地所有者的地租交给全社会享用，而不是没收土地。他认为没收土地过于激烈，他的方法却是稳妥的。孙中山在伦敦的这段时间，正是亨利的思想风行的时候，孙中山很快吸收了这一观点，并带着这一思想来到了日本。

由于英属香港当局不愿得罪清政府，他们不让孙中山等人到香港活动，为了便于对国内革命的了解和从事反清的斗争，孙中山等人逐渐以日本为活动的中心。

4 在东京

甲午战争，泱泱中华居然败给了东方小国日本，无疑给沉睡着的中国一剂醒药。康有为、梁启超率领士绅掀起了一场改良运动，他们试图走日本明治维新的道路，由光绪皇帝出面下诏维新，进行自上而下的改革。他们的举动威胁了慈禧太后的统治而被镇压。但是，从封建统治的堡垒传来的“变则通，通则久”的呼声，却久久地在神州大地上回旋，震撼着这座摇摇欲坠的大厦。1900 年，正是这个西太后，在帝国主义压迫下，在西安下了罪己诏，表示实行变法，在“废科举、设学校、派游学”的同时，编练新军。1904 ~1905 年，大批官费、私费的留学生来到了日本。

1894 年的甲午战争，在日本也引起了空前未有的震动。中日《马关条约》，日本不但得到了两万万两银子的赔款，而且还获得了对朝鲜的控制权，迫使清政府割让辽东半岛、台湾、澎湖列岛。正当他们为自己的胜利而沾沾自喜的时候，俄、法、德三国为了自己在辽东半岛的利益，出面干涉，日本不得不把吃进嘴里的辽东半岛吐出来。这件事情使日本一部分狂热的拥护侵略的分子更加崇拜武力，希望发扬尚武精神，在天皇制度之下增强自己的实力，以为帝国主义是日本发展的最佳途径，这就是所谓的日本军国主义。另一部分理性主义者，对战争给本国百姓带来的痛苦感触很深，对外国资本主义曾经给予日本的侵略记忆尚新，他们反对战争、要求民主。这股势力，和正在兴起的社会主义思潮有一定程度的默契。《马关条约》的赔款为日本资本主义发展初级阶段提供了相当充分的原始积累，促进了日本国内经济的迅猛发展，劳资对立相应扩大，尤其是战争的负担转嫁给工人、农民后，社会矛盾更趋激烈。社会主义各流派出现。日本思想界的活跃，与中国留学生理论的探索是同步进行的。

1903 年，孙中山聘请日本军事专家，在日本东京青山附近创办了军事学校，吸引了一批来自中国的有志青年。该校开学时，会员必须宣誓。誓词是："驱除鞑虏、恢复中华、创立民国、平均地权。"三民主义以提纲挈领的方式问世了。

二　笔墨大战高扬主义

 主义的认同

一种思想对社会的影响，取决于这一思想是否代表了大多数人的意愿。1903 年，当孙中山以反对清朝统治为前提，提出“驱除鞑虏”等十六个字时，他并不是一个孤独者。

自从满族入主中原以来，反清统治的民族情绪一直存在，尤其深藏在会党和知识阶层中。孙中山的同乡好友尢列说过这么一个典型的事例，当他还是学生时曾拜一名师求学。先生每天课后，定要将学生留下，专讲历史。叙述五胡乱华和崇祯皇帝煤山自缢这一类前后五代、宋、元、明朝代交替间的历史，每天泪水沾满衣襟。每年 3 月 19 日，他必念《太阳经》，以纪念明朝的覆灭。读完后，他便放声大哭。学生们问他缘由，他却又不开口。弄得这些孩子茫然不知所措，但此情此景却刻骨铭心。直到有一天，尢列加入洪门，在举行仪式时，从会党的“反清复明”口号中悟出了老师的伤心与苦心。

日本为中国留学生云集之处，忧国忧民的传统，使这些知识分子不甘于闭门读书。各种团体与刊物在他们中间出现。早在1900年，留日学生就已组织励志社。1902年冬成立的中国青年会更进一步，带有强烈的政治色彩，宣布"以民族主义为宗旨，以破坏主义为目的"。1903~1904年，国内外华人中的这类团体增多。有名的兴中会、华兴会、光复会等先后组成。这些团体中的活跃人物如黄兴、章太炎、秋瑾、宋教仁、陈天华等，纷纷赴日，有的甚至多次去日本，在日本的留学界充满了反清的火药味。

1903年前后，充满爱国激情的章太炎、邹容、陈天华发表了脍炙人口的文章。陈天华的《警世钟》、《猛回头》以浅显的文字，确凿的事实，白描出清政府的卖国嘴脸。年青的邹容，接过法国大革命的武器，血气方刚地狂呼"革命"不已。素以学问深奥闻名的章太炎，发表文章为邹容喝彩，并且轻蔑地称光绪皇帝为小丑。

但是，他们共同的缺陷是专讲破坏，不谈建设。怎样实现排满呢？排满以后又如何？成为人们考虑的问题。

当然推翻清朝这个庞然大物，必须要集众人之力，要有统一的组织、领导和意志。一个有威望的领袖出面组织政党成为迫切的需要。在留学生中颇有影响的宋教仁提出让孙中山担负起这一重任。他的想法获得了其他人的赞成。1905年夏天，孙中山再度来到日本，受到了前所未有的欢迎。他和黄兴、宋教仁、陈天华等讨论了建立统一的革命组织问题。就这样，中国资产阶级的第一个政党中国同盟会正式成立。“驱除鞑虏、恢复中华、创立民国、平均地权”，成为该组织的宗旨。

但是，绝大多数人对孙中山的思想并不了解。1905 年 9 月的一个夜晚，孙中山应邀来到廖仲恺的寓所，这是胡汉民和廖仲恺首次见到孙中山，这次会面，决定了他们以后的道路。

孙中山先详细地解释了他的政治主张。胡汉民、廖仲恺表示：革命是他们从来就有的志向，他们坚决拥护，反对清朝的统治，建立资产阶级的共和制度，只是关于民生主义也就是平均地权不太了解。

孙中山解释说：“吾辈为人民之痛苦，而有革命，设革命成功，而犹袭欧美日本之故辙，最大多数人仍受痛苦，非吾人革命之目的也。”所以，为避免出现欧洲和美国等资本主义发展时的贫富分化，使全体人民共同富裕。他把民生主义视为防患于未然的良策。

另一个值得他们深思的问题是：如何保证真正共和国的建立。封建制度自秦始皇至今已有 2000 年的历史。封建王朝的不断轮回是历次社会动荡的结果。如何能保证这次革命的结果不是再建一个新王朝呢？以下是孙中山和汪精卫就此问题的探讨。

从世界历史来看，华盛顿与拿破仑同为一世豪杰。在美国独立战争中，华盛顿统率军队扫平英殖民主义者，受到拥戴，但战争胜利后，军权却让位给民权。这一结局的出现，并不是华盛顿个人的功劳，而是民权国家不允许帝制的存在。拿破仑依靠军权得到了政权后，将权力据为己有。虽然，他知道民主主义的思想。但在法国却仍然有帝制的土壤，表现为广大人民对恢复帝制的支持。拿破仑称帝前，曾做过统计，主张帝制的人竟占了9/10。他们的结论是：如果华盛顿处于法兰西，那么他就会成为拿破仑，而拿破仑生长在美利坚将会成为华盛顿。

就中国历史来看，汉高祖、唐太宗、宋太祖、明太祖全都一样，起兵推翻前一个朝代后，他们取而代之，再建一个新的专制王朝。所以，不能把责任推给某一个人了事。

问题的关键是革命的初衷是为大众夺取权利，但在革命的过程中，军权却不得不成为重心，为避免历史上专权的再现，革命之前先定好军权与民权的关系，就像楚汉之争时，刘邦入主关中前，先“约法三章”一般，制定《约法》。

《约法》规定了处于专权地位的军政府的权力义务和人民的权力义务。由军政府掌握政权，派官吏治理地方。每一个县的人民组成县议会以监督政府。各地独立后，县与县、地区与地区间共定《约法》，推广到全国组成全国一级的议会，共有《约法》。这样军政府就在议会的严密监督之下而无法专权，从而实现民权。

1906年秋，孙中山将《约法》的设想进行完善，提出建国三程序说，分三个阶段建立民国。第一期为军法之治。军政府从清政府手中夺取政权的时候，军队与人民都服从军法，行政权由军队掌握。在军政府率领下清除敌人，扫除旧社会的积弊，并对广大人民进行教育。三年后，以县为单位，解除军法，颁布约法，开始了第二期的约法之治。这时，地方实行自治，地方的议员和行政官员由人民选举产生，《约法》规定了人民、地方议会和军政府三方各自的责任和义务。六年后，废除约法、实行宪法之治，是为第三期。军政府解除兵权和行政权，一切依宪法行事，大总统和国会议员由人民公举。到这时，一个民主立宪的中国就诞生了。

孙中山的思想无疑是有创见并且比较成熟的。当年轻的一代还在领悟西方各种新思想的时候，他，作为一个资深革命家，不但能择其所长，而且还针对中国实情加以灵活变通，从而吸引了一批有抱负的青年，自觉地担当起他的左膀右臂。

革命与改良间的恩怨

同盟会的斗争目标指向清王朝，但理论上的论敌却是以康有为、梁启超为首的保皇派。

1898 年秋，戊戌变法失败以后，康、梁逃亡日本，他们和孙中山一样受到通缉。照理同是天涯沦落人，本该携手。孙中山多次表示友好诚意。梁启超多有触动，但是，康有为却始终不能忘记“今上”，坚持反对西太后，要求归政光绪，并在全球范围内动员华侨成立保皇党。

革命派和改良派间的分歧是逐步出现的，并非一开始就尖锐对立。

1897 年陈少白、孙中山准备在日本横滨办一所东西学校，请梁启超代为聘请老师。梁启超派了三个康有为的高足来到横滨，其中一个是徐勤。这三个人来了以后，孙、陈等人极为高兴，放手让他们干，他们将校名改为大同学校，孙中山也未计较，彼此十分亲热。但是，有一天，孙中山走进学校去看望教员。教员没见到，却看到了桌子上有一张条子，上面写着："不得招待孙逸仙。"孙中山好生奇怪，就告诉了兴中会同仁。大家一听很气愤，一齐跑去质问。徐勤矢口否认。从此以后，孙中山不再去大同学校了。实际原因是，百日维新期间维新派康有为受到朝廷的重用，徐勤等人怕受革命派连累，在大同学校排挤革命派。这是两派间第一次明显的不和。

戊戌失败后，康有为拒绝与革命派交往。梁启超却不同，他与孙中山有过几次接触。1899 年康有为离开日本后，两派的合作更为方便，并一度商量合并组党等问题。梁启超牵头写信给康有为，劝他"息影林泉，自娱晚景"。因为"吾师春秋已高"。说当时 42 岁的康有为"春秋已高"，显然是借口，是想摆脱康有为的控制。

同时，梁启超等人在《清议报》上发表文章，倡言破坏。将破坏比喻成药。无病而吃药药有害，有病而吃药药有大功。古往今来，世界蒙垢积污的时候非常多，必须时时摧陷廓清方才有进步，这就是破坏的力量。中国到今日是"积数千年之沉疴，合四百兆之痼疾，盘踞膏肓，命在旦夕”，“破坏之药，遂成为今日第一要件，遂成为今日第一美德”，是救国救种的第一步。1902 年，梁对革命大加赞赏，表示要彻底扫除旧制度。在他写给康有为的信中还曾出现过这样的话：“讨满为最适宜之主义。”这时的梁启超与康有为在思想上出现了裂缝。

后来梁启超因康有为的要求赴檀香山，孙中山将自己在海外的关系介绍给梁启超。没想到梁启超到了美洲之后，在康有为软硬兼攻下又回到了保皇的老路上去，并且故技重演，将孙中山的海外根据地占为己有，从华侨手中得到了许多捐款，许多原革命派的支持者倒向了保皇派。

这一切令孙中山十分愤怒。他亲自前往檀香山，奔赴各岛之间，廓清是非。他十分尖锐地问道：“试问其所爱之国为大清国乎？抑中华国乎？”断言革命与保皇如黑白不能颠倒，东西不能异位，走着两条截然相反的路。这样，革命与保皇间的矛盾激化起来。

长期以来，孙中山把主要精力放在武装斗争上，无暇顾及宣传。久居国外，很多人只听说过他，有些人甚至还相信清政府造的谣言以为他连中国话都不会说，更谈不上了解孙中山的思想了。

相反，保皇党的势力却很强。他们在宣传上肯下功夫，尤其是他们有许多如康梁一般有功名的人，在宣传上往往优于革命派，梁启超那支带有感情的笔尖，牵动着许多人的心。《民报》出世前，大部分留学生是倾向改良的。

《民报》诸人

《民报》作为同盟会的机关报，于1905年11月在东京问世。

《民报》的前身是革命派的《二十世纪支那》杂志。《民报》发刊词由孙中山口授，胡汉民执笔。这篇发刊词第一次将孙中山的主张归纳为“民族主义”、“民权主义”、“民生主义”，简称为“三民主义”。因此，胡建议将刊物定名为《民报》。

同盟会原决定由陈天华负责该刊物，但是陈天华自以为不如胡汉民，所以，就由胡担任了实际主编。陈天华之所以力荐胡汉民，是有原因的，1905年10月，保皇派在东京举行一年一度的“戊戌庚子死事诸人纪念会”，胡登上讲台，面对1000多人，侃侃而谈，一气讲了三个多小时，中心是让大家不要上当，不要为康、梁而作无谓的牺牲。

他认为康、梁并不是主张一贯的人。康有为从设想创立一个新教开始到现在主张保皇，政治主张五经变更，而且是越变越落后。梁启超跟在老师后，自己没有什么主张，反“弄到自家日日挑战，不能休兵”的可笑境地。原因很简单，他们两个全都是“急功近利，毫无宗旨”的人。

胡汉民说，康有为宣传“保皇”是无稽之谈。光绪和康、梁一个在紫禁城，一个在海外，天涯海角两不相见，皇上有个三长两短，除了拍份电报，问问圣安而外，又如何去“保皇”。实际上，光绪能够平安，靠的不是他们，而是西太后。

他还说，康、梁运用欺骗的手段，让六君子血洒菜市口，又使唐才常的自立军起义失败，唐才常因此而送命，现在他们伪造了所谓的“衣带诏”，说是光绪皇帝在出事前给他一份密诏，让他迅速外出求救，如此，康就以钦差大臣自居，名正言顺地进行“保皇”。胡汉民追昔抚今，痛心地告诉与会者，如果人们不自爱，再上康、梁的当，将会不胜追悼。

虽然，胡所说有许多是猜测，但其中也揭示了不少真情。他的讲话不断被掌声打断，康、梁派人物没有一个敢起而反驳。会上当场宣布以后这一类追悼会在东京不再召开。从而，这位 26 岁的广东人名声鹊起。

除了胡汉民而外，汪精卫、朱执信等都是主笔。《民报》中人是有分工的，汪精卫专门讲革命的必要性，宣传民族主义。朱执信和胡汉民等则侧重于民生主义的宣传。他们宣传的中心就是三民主义。

汪精卫和朱执信、胡汉民一样，都是广东人。1904 年一同参加广东省选派留学考试，考上法政大学速成科。到日本后，他们接触了西方的新思想，由对清的不满，发展成反对专制主义，把原有的民族主义思想与西方的民主主义思想相结合，产生了强烈的革命愿望。

共同的志向和机遇，使这些年轻人携起手来。1905 年，孙中山到东京后，汪精卫和朱执信慕名拜访了孙中山，折服于孙中山的思想抱负。同盟会成立时，汪精卫被选为评议部评议长，朱执信担任了评议部议员兼书记。

汪精卫正式名字叫汪兆铭，“精卫”是他的笔名，这时的汪精卫是个血性男儿，文笔流畅，口才过人，像貌风流，十分引人注目。

朱执信与汪精卫是亲戚。虽然两人年龄相差不大，论辈分汪精卫是朱的舅舅。与汪精卫的风流倜傥相反，朱执信却是不修边幅。但是，才气上两人不相上下，尤其一致的是革命的志向。朱执信虽然不如汪精卫活跃，他的踏实和进取精神，使他在注目一般流行思想同时，尤其对日本兴起的社会主义思想有兴趣。所以，在宣传三民主义的时候，关于民生主义的解说，往往是他的得意之笔。

4 保清？反清？

《民报》问世，便与改良派接上了火。康有为一如既往，四处宣传光绪如何圣明，夸张地渲染满汉不分，君民同体，将所有罪过推给西太后，并痛哭流涕诉说什么光绪受慈禧迫害，太后每天给光绪吃玻璃粉等等。

汪精卫十分不客气地指出，康有为关于满汉不分的论述完全是抄袭雍正的《大义觉迷录》，没有什么新鲜货色，康有为等是站在汉奸的立场上鼓吹这些观点。首先，满族作为一个少数的、落后的民族统治先进的、人口众多的汉族违背了历史进化的规律；其次，满族为实现它的统治，采取民族分离政策和民族歧视政策。严满汉之界是他们的统治政策，而不是什么满汉不分；再次，满族统治者在历史上欠下了笔笔血债，这些都是身为汉人难以忘怀的。

胡汉民则从另一个角度揭示反对清朝的必要性。

他利用在日本留学学到的知识，以大量篇幅写下了《排外与国际法》，阐述了自己的观点。他说，1900年义和团运动失败后，帝国主义各国一方面认识到不能瓜分中国，另一方面又迫使清政府为自己卖命。凡是对侵略者不利的行为，他们一概视为“排外”，要清政府加以镇压，一时是非颠倒。他认为排外分为狭义和合理两类，在主权、领土和人民受到外来威胁时，维护国家利益的排他性就是合理的。中国人民之所以排外，是由清政府的媚外，造成国家主权的丧失引起的。这种排外心理的消失，仰仗于侵略事实的消失。但是清政府卖国有份，维护主权无能，因此，只有推翻清政权，建立强有力的新政权才能维护主权。

总之，他们认为无论是对内还是对外，民族主义的关键在于推翻清王朝，建立一个以汉族为中心的新政权。

革命派断定：推翻清王朝，必须采取革命的手段。梁启超冷冷地问道：革命难道不会引起内乱？革命难道不会招致瓜分？

汪精卫指出梁启超之所以会有这些疑问是把革命与暴动混为一谈。暴动只是改朝易姓，因此，抱着帝王思想，易于出现内乱。

革命却不同，它之所以发生是因为除旧布新。旧事物必须以暴力去除，然后新生命得以诞生。所以，革命有破坏的一面，更有建设的另一面。这次的革命，不是为了取清王朝而代之，是要建立一个新的民主国家，由于革命的目的和暴动的目的根本不同，依靠《约法》与纪律行人道民主，就不会出现内乱和专制。

至于革命将招致瓜分也是立不住脚的。革命派的论据是：中国面临瓜分威胁的根本原因是不能自立。自立的唯一办法就是推翻清王朝。清王朝为了维护自己的统治，是采取不与外国交往的锁国政策，可西方的枪炮硬是打开了中国的国门，于是，他们又利用义和团实行排外仇外政策，但是，面对洋人的枪炮，他们再度屈服，走上了媚外的道路，可见清朝政府一日不去，中国就一日不能自立，瓜分的威胁就始终存在。

他们以义和团运动为例，以为各帝国主义从义和团运动中看见中国人民的反抗力，知道用暴力的方法只会激怒中国人民，1900 年后帝国主义的对华政策发生了变化，由瓜分转为门户开放、保全领土的政策。它从另一个角度说明革命未必就会招致干涉。

5 专制？共和？

1905 年，清政府在国内外的压力下，派出五大臣出国考察各国立宪的经验，摆出预备立宪的架势。这一举措对革命派来说为时已晚，他们认为这只是清政府欺骗人民的缓兵之计。吴樾为了唤醒人民，力图阻止五大臣出洋。1905年秋，考察宪政五大臣在北京正阳门火车站上车，准备分赴各国。吴樾扮成仆人怀揣炸弹登上花车，没想到车子摇动引起炸弹爆炸，吴樾当场被炸死，五大臣一个重伤、三人轻伤。吴樾虽没有完全达到目的，但却鲜明地表现了革命派的立场和胆略。

但是，正如吴樾所担心的，清政府的故作姿态还是骗取了一些人心。其中就包括了康、梁的保皇党。梁启超还在日本和杨度一起，为五大臣写考察报告。因为五大臣对宪政大都一窍不通，出国考察目的在玩乐。但是，考察回去如何交代呢？其中有一个人主张请杨度代拟，并专程赴日本找到杨度。杨度正想一吐为快，于是就找到梁启超，二人分工完成了一份《考察各国宪政报告》，由五大臣递交给了朝廷。

为了向大众宣传，梁启超在《新民丛报》上连续撰文，鼓吹“开明专制”。他认为中国人的素质太低，根本没有立宪的习惯。不但共和制度不能建立，就是君主立宪政体也无资格享受。唯一的办法是先执行开明专制为立宪做准备，然后再逐步向君主立宪过渡。

梁启超的观点一出，立刻遭到了革命派的反击。

在概念上，革命派澄清了专制、开明专制和立宪，包括君主立宪和民主立宪间的区别。他们提出专制与开明专制在本质上是同一的。所谓的开明与否和体制没有关系，只和皇帝个人的品质有关；而立宪无论是君主还是民主属于同一范畴，都是以宪法为依据的，而不是以皇帝个人的意志为准绳。

因此，在实际上专制与立宪之间存在着尖锐的对立，各国建立立宪体制时，专制统治者决不会自觉自愿地放弃手中的权力，而往往出现君主与民权相对峙的局面，以力量来决定胜负。只听说过先有民权，然后立法、立宪，没有听说过先有立宪，再由君主奉送民权的事。因此，希望清政府立宪简直就像是与虎谋皮。

退一步说，中国能出现开明专制的政权吗？历史上开明专制确实存在，它相对于黑暗的专制而言。出现这种局面的原因或者是君主才干出众，领导有方；或者在社会动荡不安的时候，为加强国家的力量，在百姓的支持下建立开明专制的政权，比如法兰西第一帝国就是如此。然而，以此来回顾清政府，它既无雄才大略的皇帝，又得不到人民的支持，言开明专制没有资格。

革命派承认中国老百姓知识程度不高。但是，他们以为在美洲的土地上，黑色人种和红色人种都有能力接受民主制度，而具有2000多年文明历史的中华民族也必然能够适应民主制度的。

中国的民主制度不但要建设，而且要比西方更先进。孙中山集西方三权和中国古代的优秀传统而创立五权宪法。除了行政权、立法权、裁判权（司法权）三权各自独立外，还要专设独立机关从事于官吏的考选，叫考选权，以避免盲从滥举和任用私人的流弊。另有纠察权分立出来，专门管理监督弹劾的事，它取法于中国古代的御史台制，是专门监督官吏的机关。

孙中山十分得意自己的这一发明，自诩“五权分立”是破天荒的政体，不但各国政体上没有过，就是在学说上也不多见。他认为，将来的中华民国要按照这个方案建成。

6 私有？均富？

1906 年 12 月，为庆祝《民报》发刊一周年，孙中山在大会上发表演说。在这次演说中，孙中山对平均地权作了详细公开的介绍。

孙中山指出资本主义的发展，造就了物质的文明，但也带来了社会问题——贫富不均。这是资本主义社会的发展规律，它与革命派为众生谋幸福的目标相左。资本主义所以产生贫富不均，根本原因是没有解决土地问题。大批的农民失去了土地，而工厂又在厂主手里。农民生活无着落。

中国由于工业不发达的原因，地价还未上涨，但是随着现代化的发展，贫富分化将在中国重现，必须防患于未然。因为社会就像树木一般，不能听其自然发展，必须进行修剪。解决的办法是定地价。比如地主有地价值 1000 元，就先定价为 1000 元。以后等交通发达了，地价上涨至 1 万元，地主仍然得 1000 或 2000，其余的 9000 或 8000，就归国家所有。国家只须有这一项收入就富足有余，私人永远不用纳税。

梁启超认为孙中山的上述观点是完全错误的，土地问题并非是贫富不均的唯一原因，资本的发展和独占才是主要的。他以为孙中山的定地价方法的可行性，值得怀疑。比如地价的标准如何确定？收归国有的时间如何选择等一系列问题，难以解决。最后，就是真的实现了土地平权，国家能否完全靠土地这一项收入仍是个问题。他以大量的数字和事实说明单一税不能满足国家的需求。总之，梁启超希望走资本主义私有制的道路，他讥讽孙中山“吾但知资本家之一名词，孙文所最嫌恶也”。

梁启超的驳斥和主张应当说是不无道理的。《民报》虽然发表了许多文章加以辩护，确有很多精彩的言论。但这部分仍然是他们的薄弱环节。作为理想主义者，充满着对社会不平的义愤和追求完善的愿望，使他们倾向于社会主义的发展方向。这就是革命与改良间的区别。由于是对未来社会的预想，谁也说服不了谁。

无论怎么说，康、梁的“保皇立宪”使自己处于不利的地位。立宪的前提是，清政府是一个可以挽救的朝廷，开明专制的首要条件是光绪皇帝的亲政，阶下囚的皇帝再圣明也不可能有所作为。这些事实充分说明“保皇”毫无意义。1911 年清政府宣布立宪，推到台前的内阁是个“皇族内阁”，内阁大臣 13 人中有满蒙贵族 9 人，皇族占了 5 人。清政府假立宪的面目暴露了。事实决定了革命派必然占优势。1907 年冬天，《新民丛报》自动停刊，这场长达两年之久的论战告一段落。

在三民主义发展史上，《民报》立下了功劳。“三民主义”这个称号首次见于《民报》，而三民主义的首次大规模宣传也是见之于《民报》。《民报》与《新民丛报》的论战集中在：君主立宪还是民主共和、革命还是改良、推翻清朝还是保皇、民生主义还是资本主义这几点。实质上就是要不要民族主义、民权主义和民生主义，要不要三民主义的问题。通过论战，实质上高扬了三民主义的旗帜，为辛亥革命做了理论准备。

通过上面的介绍我们可以了解到，辛亥革命前，三民主义理论揭示了用革命手段推翻清政权的必要性，民族主义的直接目标就是消灭清朝政权的异族统治。预备通过军政、训政、宪政三个时期，建立一个民主立宪的资产阶级共和国——中华民国，政府机构采取五权分立的原则，是为民权主义的内容。在这样的国家里，采取先进的资本主义技术，实行平均地权，人民均富而无贫富不均，这是孙中山等人对民主主义的构想。他们深信这个中华民国不但能赶上西方，而且要超过他们，令他们瞠乎其后。

三 “民国”名下突显“一民主义”

为求统一让出政权

1911年10月12日，在美国丹佛城，孙中山与往常一样翻开报纸，一条意外的消息赫然映入眼帘：“武昌为革命军占领。”由此，孙中山得知了辛亥革命的爆发。

作为革命党的公认领袖，孙中山没有立刻回国，而是奔赴纽约、伦敦、巴黎，寻求列强在经济上的支持，获得他们的承认，断绝他们对清政府的支持。老奸巨猾的西方各国，首鼠两端，使得孙中山空手而归。

12月25日，在人们的盼望中，孙中山从欧洲回国，在上海黄浦江码头登岸，面对欢迎的人群，他说：“吾此次回国，未带金钱，所带者精神而已。”他所说的精神，指的就是三民主义。没过几天，他在上海同盟会本部的欢迎会上，明确说，民权主义和民族主义虽然将要达到目的，至于民生主义还没有着手，今后必须着重朝这个方向奋斗。

尽管思想的空间是无限的，行动的范围却往往狭小。当孙中山回到阔别16年的祖国时，作为革命的领袖，他得到了承认，但并不等于他的思想被人们接受。

武昌起义后，南方各省纷纷响应，北方清政府依靠军阀作苟延残喘，形成南北对峙的局面。以袁世凯为首的旧官僚、旧军阀，以梁启超、张謇等为代表的立宪派，和孙中山领导的革命派形成三股势力，左右着中国政治。

袁世凯以强大的军队为后盾。自从小站练兵以来，他把军队训练成只知道“袁宫保”而不知道“皇上”，成为他袁家的私人部队。他的不可忽视的力量遭到了清当权者的猜忌，辛亥前被迫回家养“足疾”。各地响应武昌起义，纷纷宣告独立的时候，清政府只有重新启用袁世凯对付独立各省。袁世凯见有机可乘，斡旋于革命派和清政府之间，一方面劝皇帝退位，一方面力图让南方屈服，使他取清而代之。他作出亦战亦和的姿态，恩威并施，给南方造成了极大的威胁。

在南方，响应武昌起义宣告脱离清廷而独立的共有14个省。其中投机的旧官僚和立宪派控制的占8个省。他们虽然最终抛弃了清王朝，随了革命的大流，但是，他们却有自己的考虑。当清政府大势已去时，他们主张“和平独立”，而独立实现后，他们立刻着手维持当地秩序，撮合南北议和，早日实现全国的统一。他们害怕社会的彻底变革危及自己的地位和财富。

至于革命派，只掌握了广东、福建、陕西、山西4省。长期以来，内部机构松散，意见分歧不一。真正起到统一思想作用的是反清的民族主义，而不是三民主义。因此，他们以推翻清政权为最高目标。章太炎就是其中的典型。

1911年12月，老同盟会员谭人凤奔走于两湖间，力图建立原革命党一党执政的政权。章太炎给他去了一封电报，劝他以天下为公为宗旨，不要组织一党政权使人心解体、破坏大局。言下之意是清政权的推翻，依靠的是革命派立宪派等各种势力的共同努力，在目前清政权还没有彻底垮台、革命派单枪匹马难以取得政权，在紧要关头，革命派不管三七二十一地组织单一的政权，势必引起其他势力的不满造成内乱，统一的目标难以达到。章的考虑是有道理的。但是，他为了解决矛盾却提出了一个错误的口号："革命军起，革命党消。"为达到团结一致的目标，各党各派取消党见、取消党派。他的建议立刻受到立宪派的支持，其首脑人物之一张謇写信给黄兴，希望他和孙中山尽快商量一下，为使军事统一，革命党自行解散。章太炎的意见，在党内也有许多拥护者。

帝国主义在武昌起义的第二天就有了反应，四国银行团的美国代表司戴德说什么应该有像袁世凯那样的人来快速平息叛乱，暗示让袁出山。英外交大臣明确表示将在外交上竭力帮助袁世凯，除袁以外，没有第二个合适的人选。

老百姓面对南北双方的剑拔弩张，对战乱的恐惧，使他们衷心地希望南北议和。据说孙中山曾在上海，利用人们集会的机会，征求市民的意见：南北方是和还是战？结果赞成南北和解的人占了绝大多数。

鉴于上述种种、孙中山接受了“和平”、“统一”、“秩序”的口号，并以放弃大总统位置作为代价。

《临时约法》自身难保

为了防止军阀割据的局面，为了避免封建专制轮回的出现，孙中山曾设想经过“军政”、“训政”、“宪政”三个时期建成中华民国。但是现实没有给予他如此从容充裕的时间。他担心的帝王思想导致分裂将变成现实。革命派没有实力阻止这些变故。孙中山让位给袁世凯。革命派怀着侥幸的心理，祈求袁世凯能在他们划定的范围内行事，以和平的方式达到共和的目的。

1912 年 2 月 12 日，清帝溥仪宣告退位。次日，孙中山向参议院辞临时大总统职位，并表示建立民国目的已经达到，从此帝制永远不会再现。4 月 1 日，他正式卸职。同一天，他在同盟会会员饯别会上，发表讲话说民国已经建立，清室退位，民族、民权两主义均已达到。实质上他承认了袁世凯政权是一个民主政权。是什么理由使他如此自信呢？

孙中山自认为他已给袁世凯上了紧箍咒。首先，他提出本人可以让位的同时，反对清政府和南京临时政府同时取消，由袁世凯在北方另组政府的说法。他要求由参议院选举袁为大总统。孙中山提出的这个要求不仅仅是个形式问题，牵涉到法统问题，因为袁世凯上台，既不是清帝私自授权于臣民，也不是超然于两个政权的第三个政权，而是由“国民推举”，对民国负责的政权。他必须服从共和，也就是说服从共和国的法律。2月13日，他在同意辞职的同时，附条件有三，其中就有："临时政府约法为参议院所制定，新总统必须遵守颁布之一切法制章程。"

为此，孙中山在离职时留下了一部《中华民国临时约法》。这部《约法》是急急忙忙赶制出来的，仅花了一个多月的时间，3月11日以临时大总统的名义公布，离孙中山去职只有十几天时间。这部《约法》有以下几个特点：

第一，《约法》体现了"主权在民"、"天赋人权"、"人人平等"的精神，宣布"中华民国，由中华人民组织之"，"中华民国之主权属于国民全体"；规定人民有人生、居住、财产、言论、出版、集会、通信、信仰的自由，人民有选举和被选举的权力；抛弃了"朕即国家"、"溥天之下莫非王土、率土之滨莫非王臣"的专制王权思想。

第二，采取了法国式的三权分立形式。由参议院、临时大总统、国务员、法院行使统治权。其中立法权在参议院，行政权在总统和国务员、司法权在法院。

第三，确立了责任内阁制。资产阶级民主制度的国家，政权组织形式一般分为两种，一是总统制，一是内阁制。总统制最早出现在美国。美国的总统由选民投票选举产生，总统只对选民负责而不是对议会负责。行政权集中于总统，并且各部部长由总统任免并对总统负责。责任内阁制历史最久的要数英国。它的特点是，内阁成员由议会选举，并对议会负责，受议会监督，总理和内阁成员也就是国务员，是由议会大选中获得多数席位的某个政党单独组成，或由占多数席位的几个政党联合组成。政府权力集中在内阁。

体现在《临时约法》上，国务员由国务总理和各部总长组成，实际上就是所谓的内阁。国务员辅助临时大总统各负其责，当大总统提出法律案、公布法律和命令时，国务员必须副署，否则不能生效。国务员对参议院负责，并受参议院监督。

责任内阁制在《约法》中得以肯定下来，充分表明了孙中山对袁世凯的防范心理。在此之前，1911 年 10 月 13 日，曾公布了《临时政府组织大纲》，这份大纲采取的政府组织形式为总统制。事后，宋教仁坚决主张修改成内阁制，但宋教仁被人猜忌为有野心，责任内阁制没有被通过。但是，《临时约法》却采取削弱总统权限的内阁制，由此，不难看出孙中山的用心。

《中华民国临时约法》是中国历史上第一部也是最后一部资产阶级的根本大法。可谓前无古人后无来者。它的价值没有体现在对袁世凯的限制上，实质上《约法》对袁世凯来说无疑是一纸空文。它的意义在于以庄严的宪法形式展现了民权主义的精神，成为衡量坚持民主还是专制的尺度。只要遵守《约法》，就是真正的拥护共和，反之则是民国的罪人。

3 “政党政治”此路不通

确认了责任内阁制，政党政治的出现也就成为必然。宋教仁为此进行了艰苦的工作。

辛亥后，原来的革命派和立宪派，由于时局的变化，内部都出现了分化。同盟会一面，章太炎另树旗帜，组织了中华民国联合会，湖北方面再组了一个民社。而同盟会的许多骨干存有功成身退之心，出国的出国，隐居的隐居，孙中山、黄兴也很热心于党务。在这种情况下，宋教仁为了实现政治抱负，将同盟会进行改组，建立了国民党。

1912 年 8 月，在宋教仁的游说下，原同盟会和统一共和党、国民共进会、国民公党、共和实进会几个小党合并，组成国民党。从而成为第一大党。

对于宋教仁的举动，孙中山表示赞成。7 月下旬，在国民党成立前，他表示中国存在政党分立的情况是自然的。政府如美国一样，政策受某一个党的指挥也是正常的。问题是现在的党派太多，最好能联合成两三个有力的大党。他希望不要因为党派的纷争而阻挠了新政府的建成。

国民党的党纲规定：促成政治统一、发展地方自治、实行种族同化、注重民生政策、维持国际和平。这个党纲比之于同盟会时的政纲要笼统温和。虽然有“注重民生政策”，但民生政策中删去了平均地权的内容。对此，孙中山也没有提出疑问，反而致电同盟会各支部，认为国民党的原则和同盟会的宗旨“毫不相背”，而且表示因为国民党包容其他一些党，使多数政团同心协力，使革命党的多年愿望得以实行，感到十分欢欣。

1913年春天，各省选举议员的结果揭晓，国民党大胜，从而在议会中占了多数席位。宋教仁自觉党事大定。回家乡探望老母。走一路演讲一路，对当前政局的失措一一批评，鼓吹内阁必须以在国会中占多数议席的政党担任，也就是由国民党出任内阁。

孙中山也在一旁敲边鼓，他认为中华民国实行民权主义，可以巩固千万年，其原因全靠政党。人民通过政党发表自己的见解于政府，政府不好，可以推翻，政党在大选上得多数，说明该党得国民之信任。

但是，当国民党春风得意之时，袁世凯却极尽密谋破坏之能事。同年3月20日，宋教仁在上海火车站遭到暗杀。两天后，因伤势过重去世。死前还致电袁世凯，希望袁世凯开诚心、布公道，竭力保障民权，制定宪法。袁世凯假惺惺地表示要认真追查此案。没想到革命派陈其美等出巨资悬赏捉拿凶手，上海方面真的认真办理，不但抓到了凶犯，而且顺藤摸瓜找出了主谋就是在北京的国务总理赵秉钧，于是真相大白于天下：袁世凯授意刺杀宋教仁。

宋教仁之死，使孙中山等人彻底看清袁世凯的真面目。委曲求全并不能保护民国，必须用武力反对袁世凯政权。

4 奔走独唱民生主义

宋教仁着迷于议会时，孙中山致力于宣传民生主义。梁启超曾讥讽孙中山对资本家存有偏见。他的指责说明他对孙中山不了解。他不知道孙中山对资本家没有好感是出于一种本能。孙中山贫寒的出身，自然使他对贫富分化不满，使他倾向社会主义。孙中山把当时盛行于欧美的社会主义学说，按照他的理解译成民生主义。在他的文章和演说中，民生主义、社会主义这两个名词反复出现。

在孙中山看来，人类社会的发展方式有两种：一种是社会达尔文主义鼓吹的，就是与自然界的发展一致的“物竞天择、适者生存”天然淘汰。按照这个方式，弱者被强者压迫、消灭是天经地义的，孙中山称之为“野蛮物质之进化”。它的结果是地球上只有强权没有公理。孙中山并不赞赏这种发展方式。社会发展的另一种方式是遵循公理和服从人的良知，它是道德和文明的。社会主义正是由野蛮物质的进化转向道德和文明的进化。

和以往的社会不同，社会主义社会是为全体人民谋利益的，孙中山对此深信不疑。但是当时流行的社会主义流派很多，有马克思倡导的科学的社会主义，还有空想的各种社会主义。孙中山根据自己的理解将他们分成：共产社会主义；集产社会主义；国家社会主义；无政府社会主义。本质上仅仅是两种：一是集产社会主义；二是共产社会主义。虽然共产社会主义更好些，但是，集产社会主义却符合中国的国情。

“国穷民贫”是中国的现状。它让孙中山深切地体会到。人民的幸福与否取决于生计问题的解决。“生计”是当时人民广泛使用的一个词，主要是指人们求得生存的衣、食、住、行的基本要求。他曾针对宋教仁热心于议会一事，表露自己的心迹：国家的实力日趋衰竭，外患日益逼人，这一切不是一时能解决的。如果只在政治上下药，只会越搞越乱，每况愈下。必须先从根本处着手，发展物力，使人民物质充裕，国势平稳，才能从事政治活动。因此，与辛亥革命前不同，孙中山此时宣传民生主义，已不再仅仅是为将来社会构想，更多的是为目前的社会打算。

集产社会主义，是国家将土地、铁路、邮政、电气、矿产、森林收归国有，不使个别资本家垄断独占，让失业的平民自食其力，使中国国民“幼有所教、老有所养，分工操作，各得其所”。没有尊卑贵贱之分，没有阶级，权利相等，人人幸福。士农工商分工合作，各司其职。一幅多么美妙的大同世界蓝图！

这一时期，孙中山对社会达尔文主义的怀疑，对生计的重视，并认为解决社会问题的根本在于发展物力的思想，给他的民生主义增加了灵魂，这就是民生史观。只是这时的民生史观还是初步的，还有待发展。

抱着上述想法，孙中山在辞去临时大总统职务后，全身心地投入到宣传和实践他的民生主义之中。但是，曲高和寡，赞成者寥寥无几。

党外人士对他的主张的评价，让他心寒。1912 年 4 月中旬，他在武汉参观，对群众宣传说资本家没有良心，表示要实行社会主义。没想到上海的《民生日报》登载了一则从武汉发来的消息，消息说孙逸仙来湖北，在黄鹤楼演说社会革命。第二天，铜元局工人就举行了同盟罢工，使湖北人很不高兴。《民生日报》认为孙中山的主张不合时宜。中国产业如此落后，只有鼓励资本家，发展经济，开发富源，不能用社会主义政策来抑制。至于平等均富，只会造成贫者依赖之心，而富者没有进取之心，使天下人以掠夺为事。其他的一些报刊，也对孙中山进行了不同程度的指责。

党内虽然有同情者，却没有人敢于实践。平均地权的思想是孙中山在民国前就主张的。当各地宣布独立时，孙中山认为正好可以实施他的平均地权。按惯例在新旧政权交替之际，要将地主的地契重新换过，在这时核定地价是顺水推舟的事，然后，国家按照地主报的地价收税，在可能的时候国家照地主所报价钱收买。如此，虽然地价随着社会的发展而上涨，但这些增价却将归国家所有而不是归地主所有。其中的奥妙在于，国家要按地主报的地价收税，而国家何时将土地收回又不好说，地主多报地价就会多征税，而少报，国家以后收买时地主又吃了亏，唯一的办法就是实报。平均地权是一个十分复杂的问题，孙中山的解决办法显得有些简单化。

广东当时为革命派控制。孙中山力图将平均地权先在广东试验，然后推广。1912 年 4 月下旬，孙中山一行 20 余人一起来到了广州。孙中山的得力助手胡汉民再度出任广东军政府都督，廖仲恺任军政府财政司司长。廖仲恺上任后，提出了更换土地契约法案，要求广东省土地所有者，在两个月内，将清政府发的旧地契交到军政府进行登记，换发新照。至于地价，地主可以随便报，政府按地价抽2%的税，过期不登记者，加倍征税或者没收土地。他认为这是改善广东财政混乱、租税逐步统一的好办法，是平均地权的第一步。

廖仲恺的法案递交给了广东临时议会。议会进行了反复的讨论，没有通过。最后的折中方案是换契税减至1%，延长换契期限。这一方案虽然照顾了孙、廖等人的面子，却把实施放在了未知的将来，孙中山失去了实践的机会。

5 幻想"修路"二十万里

平均地权和均贫富，不是在野之身的孙中山所能从事的。十分注重行动的孙中山将注意力放在发展实业上。

发展实业，千头万绪，从何处着手能起到纲举目张的作用呢？孙中山的答案很明确：先发展铁路。

"民欲兴其国，必先修其路"。一个国家的交通，就像人的四肢，没有四肢就没法干事。国家没有交通就会陷入瘫痪，丰富的物产无以流通，广大的土地没有关联，人民的思想难以交流。只有发达的交通才能使空间变小，距离缩短，社会发展才能加快速度。

现代交通的骄子是铁路，先进的工业国家铁路都很发达。孙中山以美国为例，随着铁路的延伸，工厂的喧嚣在荒野田头弥漫。目前美国政府准备修筑东西南北两大铁路动脉，以求全面开发富源。中国要想改变落后面貌，必须尽快敷设铁路。

铁路在中国可以说是步履维艰。先是洋人想在中国修筑铁路，英国人造了一个计划，在朝廷和商人间进行游说。为了加深印象，有一英商在北京宣武门外修筑铁路几里，请来了步兵统领等人观看火车神威，没想到吓着了这些大人物，连忙命令拆路毁车，时间是1864年。

京津地区不允，英商怡和洋行由上海至吴淞口修了一条轻便铁路，所谓轻便铁路就是不用火车机车带动，而用牛马充当动力。路造好后，他们并没有履行诺言，用牛马，而是用机车，火车的神速和隆隆的汽笛声，让当地人既害怕又惊恐，但却给洋行带来了很好的效益。没曾想全线通车不过一个月，忽然有一个当兵的在穿过铁路时，被火车轧死，造成了极大的纠纷。上海道台和南洋大臣先后照会英领事，要求停开。最后，李鸿章出面花费20万两银子买回铁路权。这年冬天，将铁轨掘起连同其他所有材料一并运往台湾，沉入今基隆港中，结束了这件贻笑后人的荒唐事。时间为1875年。

时过两年，1877年轮船招商总局唐廷枢，上书李鸿章，为了能够快捷地运出开平煤矿的煤，想在唐山和胥各庄间修一条七英里长的铁路，得到了李的首肯。可是保守派又是一阵聒噪，什么机车头的轰鸣会震动龙脉等等议论再度出笼，迫使李鸿章收回成命。第二年，唐廷枢等人学聪明了，他们也表示只造轻便铁路，用骡马当动力，得到应允。中国第一条成功的铁路修成。这是1879年。从此，中国的铁道事业开始缓慢地起步。

1902～1903年，帝国主义各国对华侵略进入新的阶段，以夺取路矿权、掌握金融等方式控制掠夺中国。大买办盛宣怀大借洋款，意以铁路修筑权相抵押，从而引起了人民的收回利权运动。在人民力争反抗下，获得了粤汉铁路、川汉铁路等由民自己集股造路的权力。铁路沿线的一般人民也以租股、米盐捐、房捐的办法认股，成为股民。

但是，1911年朝廷为了向外借债，又打上了铁路的主意，一纸上谕，将铁道收归国有，并和英、美、德、法四国银行团签订川汉、粤汉铁路借款。消息传出，股民们手中的股票尽成废纸，所有的钱全被朝廷没收，直接侵害了人民的利益。各地掀起保路运动。清政府利欲熏心，反而把枪口对着商民，造成血案。自此，清廷与绅民的对立不可调和，保路运动演变成反清斗争，从而使辛亥革命得到了广泛的支持。

民国初年，中国仅有铁路2万里，比之于美国的80万里（一说120万里）和法国的70万里实在是太少了。孙中山对袁世凯说，希望袁世凯任总统10年，练兵数百万。他自己则花10年时间，借款6亿元，建20万里铁路。袁世凯授予孙中山“筹划全国铁路全权”的职权，孙中山接受了。

他计划在全国先修三条路线：南路：起于南海，经广东至广西、贵州，走云南、四川，通入西藏绕至天山南路。中路：起点是扬子江口，由江苏至安徽，奔河南，穿过陕西、甘肃到达新疆终于伊犁。北路：秦皇岛为起点，绕辽东，折入蒙古，直穿外蒙古达乌梁海。此三条铁路先由民办铁路公司承办，40年后，由国家收回，变为国有。

在短短的10年内，完成如此庞大的工程，人们自然会问：钱从什么地方来？孙中山则回答：向外国人借。有过清末保路经历的人一听到这个“借”字，条件反射般地皱眉头：外国人在掏钱的同时，把另一只手伸进中国的衣袋以更昂贵的主权作抵押，这是中国人和洋人长期打交道所得的经验。

孙中山却不同凡响地提出了“政治有国界，至于经济、实业本无国界”的论断。中国人应该大胆地实行“开放主义”。开放主义包括三个内容：采用西方的先进方法、借用他国人才、引进外资。他以为中国要在短时间内赶超先进国家，非如此不可。它的前提条件是废除不平等条约、中国实现关税自主，借以保护民族工商业的发展。他以美国为例，美国筑路每次都是引进大批外资，但并没有因此使主权受到任何损失，因为私人或商业公司出面，与外国资本家订立合同，借债并不涉及主权。在中国为什么就不行呢？

就兴建铁路而言，他建议可采取三种办法利用外资：借资兴办；华洋合股；定以期限，批给外国人承筑，期满后无价收回。他最倾向于第三种办法，如果承包给外国人修建40年后收回。中国就可不用花一分钱，得20万里铁路。

袁世凯破坏共和的企图大白于天下后，孙中山不得不放弃他从事的物质建设工作。这一时期民生主义思想突现，孙中山基本上倾向于“一民主义”，民生主义的重点在以国家资本主义的形式发展实业，以解决中国社会“穷”这个问题。他将视线由分配移向生产，主张发展生产力，这不能不说是他思想上的一个重要发展。

四　孙中山对三民主义的反思

1　孙黄之争

自从宋教仁血洒上海火车站后，革命派虽然对袁世凯已有了认识，却迟迟没有行动。他们的迟疑，给了袁世凯充分准备的时机。他从外国人手里借来 2500 万英镑的巨款，用以武装军队，对付革命。1913 年 5 月 21 日，袁世凯公开挑战，说什么“现在看透孙黄，除捣乱外无本领。左又是捣乱，右又是捣乱。我受四万万人民付托之重，不能以四万万人之财产生命听人捣乱”。随后，他罢免江西都督李烈钧，调任广东都督胡汉民和安徽都督柏文蔚，并命令部队南下向革命派进攻。

7 月 12 日，革命党李烈钧在江西、黄兴在南京、柏文尉在安徽、胡汉民在广东、陈其美在上海，先后宣布独立，“二次革命”爆发。

只是今非昔比，武昌起义时的举国一致反对当权者的局面不复存在。起义被陆续镇压下去。国民党被解散，孙中山等人被通缉，革命者在国内无法立足，只有流亡海外。

痛定思痛，孙中山认为失败的原因是没有一个组织严密的，尤其是肯听命于他的政党。他从历史的回顾中得出这样的结论：以往革命，他在关键时刻的主张都是正确的，坏就坏在人们没有听他的话，因此，他十分坦率地要求别人，在今后的革命中听从他的指挥。

有鉴于此，孙中山决定将国民党改组为中华革命党，1914 年 7 月 8 日，中华革命党在日本筑地精养轩开成立会，孙中山当众宣誓加盟并就总理职。孙中山的追随者，也都陆续宣誓，加盖手印，参加革命党。

每个宣誓人必须立下誓约。誓约的突出之处是要求入盟者放弃自由权利，勇于牺牲，服从孙中山一人的命令。党的指挥中心称为本部，由总理也就是孙中山全权组织，本部各部长以及职员全由总理委任。党内采取了集权的形式。

孙中山西方式的坦率、东方式的会党作风，令一大批老同盟会员极为不满，他们以黄兴为代表。

在革命派中，素有孙氏理想、黄氏实行一说。黄兴始终以实行家的风度获得党内同志的爱戴，他在党内的地位，仅次于孙中山，孙与黄之间的信任和合作，为辛亥革命的成功创造了条件。但是，他们之间却因为反袁而发生分歧，比如在宋案问题上，孙中山主张武力解决，黄主张法律解决；在袁世凯向五国银行团借款一事上，孙再度主张武力反对，而黄等人则再次以为有法律在、有国会在、有各省都督在，在这些力量的共同反对下，袁世凯借款终会泡汤；当袁世凯调兵遣将，大军压境前，孙中山主张主动出击，黄兴等人却一再拖延。“二次革命”失败后，孙中山把责任推给了黄兴等人，说他们贻误战机铸成大错。这样的指责，黄兴不会接受。

中华革命党成立时，曾邀请黄兴加入。黄兴认为当时亡命日本的国民党员都是被通缉的人，不应该在目前这种情况下整顿组织。相反为了团结更多的反袁力量，应该在原有基础上扩大组织，反对另组中华革命党。黄兴还认为“附从孙先生一人”的说法违背平等原则，至于按手印则太“侮辱人”，像犯罪的人写供状似的，表示坚决不加入中华革命党。另外，还有20多个老同盟会员支持黄兴，最后，孙中山表示：若两年后他领导无功，他愿意将总理之位让与黄兴。话说到这个地步，黄兴只有暂时与孙中山分手。

黄兴等人高扬的是西方民主主义的组党精神，孙中山却是屈从于现实的条件和以往的经验。在此，他们倒了个，变成黄氏理想、孙氏实行。

19世纪末20世纪初，资本主义已经发展到成熟的阶段，议会民主制下，政党间在根本利益上没有冲突、分歧，只有政策的不同。两党制也好，多党制也罢，只有政府的更替，没有制度的根本变化。

在中国则不同，以袁世凯为代表的封建势力，并不因为辛亥革命而急转弯，却在数千年封建的历史轨道上，依靠惯性沿专制滑行。主张民主的国民党等政党，则想脱轨而去。两者在根本利益上是不可调和的。

专制决不允许民主的存在，民主难容专制。因此，民主国家存在的政党政治，在袁世凯专制下的中国难以立足。从根本上说，在当时情况下讲西式的政党政治为时过早，国民党的历史就说明了一切。

孙中山选择了这样一种党内制度绝不是偶然的。

 “以党治国”

自从袁世凯登上大总统的宝座之后，“真共和”与“假共和”成为困扰人们的问题，认识“假共和”固然需要一个过程，但如何建设真正的民主国家却是个更尖锐的问题。

中华革命党为自己规定的宗旨是实行民权主义和民生主义，目的在于建设完全民国，并着重申明不以驱逐袁世凯为满足。他们的政治抱负是远大的。

他们认为通过军政、训政、宪政三个时期最终能够建成真正意义上的民国。军政时期用武力扫除障碍，为建设奠基。训政时期以文治为主，督促并率领国民进行地方自治。宪政开始于自治完成以后，由国民选举代表，组成宪法委员会，创制宪法，这时，革命完成。

不同以往的是，他们将军政、训政时期称为革命时期，在此期间，不论是军政还是民政，完全由中华革命党负责，其他人只有加入革命党后才能问津，否则不允许参与。后来人们把这种规定称为“以党治国”、“以党建国”。

“以党建国”确切地说是以党员建国。《中华革命党总章》将党员分成三种，以入党的时间先后为序。首义党员：在革命军未起义前入党者；协助党员：革命军起义后，政府成立前入党者；普通党员：革命政府成立后入党者。他们在革命后享有不同的权利。首义党员在革命成功之日为元勋公民，获得一切参政、执政的优先权利。协助党员是有功公民，能享有选举和被选举权利。普通党员为先进公民，得到选举权。除此以外的所有非党员在革命时期内，不得有公民资格。

这一论资排辈的方法，就我们今天的人来说，会视若荒唐。但孙中山等人倒也理由充分，他们指出辛亥革命后，反动的、保守的势力在革命的洪流冲击下，审时度势投机革命，从而掌握了实权。革命党流血流汗反倒遭受迫害，导致革命功败垂成。为了防止这一现象的再度出现，必须由革命党掌握政权。入党时按指印，就是最好的凭证。世界上没有完全一样的指纹，因此，入党的先后就全靠入党时的誓词上所注时间，谁都无法伪造。

军政与训政是两个不同的时期，在政府的设置上既要有区别，又要互相衔接。军政时期，中华革命党设总理一人，协理一人，分本部和支部二级。本部由总务、党务、财政、军事、政治五部分组成。

为实现向训政的过渡，中华革命党在本部内设有协赞会，会设正副会长，又分立法、司法、监察、考试四院。当革命政府成立时，正副会长消失，四院各自独立与行政部平行，成为五权并立，实现五权宪法。在政权建立后，由各支部选举代表组成国会，各支部同时为各地自治团体。

这样，无论是代表民意的议会，还是执行民意的政府，官员完全由中华革命党人一手包办，真正体现了一党独大的精神。

后来，孙中山在论证他的观点时，打了这样一个比喻：初行的中华民国犹如婴孩，在早期，需要一个保姆，这个保姆就是中华革命党。只有在保姆的指导和提携下，才不会重演辛亥以来的错误和失败。

中华革命党的主张，同样令许多深受西方民主思想影响的人反感。因为“人人平等”的基本原则被否定了。因此，中华革命党的组织始终没能壮大，党员最多时也仅仅只有五六百人。袁世凯倒台后，中华革命党作为一个组织停止了活动。1916 年 7 月 25 日中华革命党本部发出通告，表示停止一切党务，寻求改组办法。

“知难行易”

中华革命党成立两年后，袁世凯倒台了，只是中国社会仍然没有按照革命派的意图发展。

1916 年 6 月 6 日，袁世凯在全国人民的唾弃中死去。三天后，孙中山就发表了《规复约法宣言》请求恢复被袁世凯抛弃了的民国元年约法，重开国会。虽然，黎元洪就任大总统后，表示全国停战，承认临时约法，重开国会，再建共和，但是中华民国被段祺瑞、冯国璋等军阀瓜分，全国呈现出军阀割据的局面，北京作为全国权力中心，被北洋系控制。军阀间的互斗，令百姓遭殃，民国险象环生。1917 年 7 月 1 日，张勋率领辫子军进京复辟，溥仪再次登上皇位，参议院、众议院再一次被解散，《约法》被抛弃。不过张勋的复辟仅仅维持了 7 天便宣布失败。纵容、利用张勋复辟的段祺瑞等军阀却以再造民国的功臣自居，继续控制政权。他们表示一不要约法；二不要国会，三不要旧总统，使民国徒有虚名。

7 月 4 日，孙中山致电西南各省，提议建立临时政府，开始了护法运动。因为北方政权已经解散了参、众两院。民元约法受到了严重的破坏，护法实际上就是保护国家的民主性、保护《约法》的权威性，使民国在《约法》规定的范围内行事。

孙中山的提议得到了西南军阀的响应，孙中山南下主持护法运动，成立了军政府，以“讨灭伪政府，还我约法、还我国会、还我人民主权”相号召，用武力与北方势力相抗衡。但是，西南军阀并非真心拥护孙中山的护法主张，只是借孙中山的声望，以“护法”为面具，为自己扩充势力，使孙中山的抱负难以施展。1918 年 5 月，孙中山指出：“顾吾国之大患，莫大于武人之争雄。南与北如一丘之貉。虽号称护法三省，亦莫肯俯首法律及民意之下。”这话表明，孙中山把西南军阀的本质看透了，他离开西南来到上海。

多年的戎马生涯，难得使他有机会冷静地思考探索。孙中山把自己关在屋里苦思冥想：为什么去掉一个专制的清朝政府，反而又生出无数强盗的专制？为什么革命的宗旨是为了救国、救种、救民，但事实却与初衷相反，人民反而更陷于水火之中？为什么自己的主张，作为革命领袖时能得到拥护，当了总统后却遭反对？他的结论是，由思想错误造成意志松懈。思想之所以错误是受了"知之非艰、行之惟艰"的毒害。

知和行，是认识和实践的意思。"知之非艰、行之惟艰"是一个哲学上的命题，体现了中国古代关于"知""行"关系的一种认识，它是诸多知行观中的一种，最早出现在《左传》中。孙中山指出数千年来这种思想深入人心、牢不可破。民国之所以徒有其名无以建成，根本原因在于人民也深深地受害于此。

因为正确的认识来得容易，因此，对"知"也就是孙中山的革命理论存有藐视之心，以为是空言而不去理会，因为实践理论万分困难，所以不敢或畏惧去"行"，也就是不敢实践三民主义的理论。在孙中山看来这一国民普遍存在的心理，最终断送了民国。

前一阶段，孙中山强调了革命党人在建国中的决定作用。这时，他则认为人心所向，大势所趋。国家由人民组成，人是有思想有头脑的，国家的现状体现了人们的思想水平，所以，国家的好坏在于人心的好坏。万事万物，只要有信心，就一定能办成；没有信心，再容易的事也没有实现的一天。所以，万事的本源在于人心。清朝之所以被颠覆是取决于人心，而民国建设无成，正是心之过。孙中山所说的"心"，可以通俗地解释为：一是民众心理、社会意识；二是革命的决心和精神。

孙中山认为："知之非艰、行之惟艰"败坏了民众心理，泯灭了人们的决心，是建国立国的大敌。为此，1918 年他写了《心理建设》一书，专门破除这种心理障碍。他鲜明地表达自己的知行观为"知难行易"。他认为人的认识对象是整个外在的客观存在，因此，在客观环境发生变化时，人的认识也应该相应地发生变化。

人对客观事物的了解，也就是"知"是来源于行的。先行而后知，用"行"来检验"知"。对事物的了解，有助于我们去行，使人们便于行。同时，由于必须行先，所以在未知的情况下，"行"照样发生，即使不知同样也能"行"。

孙中山认为就人类认识史而言，经历了三个阶段：第一由蒙昧进文明，是不知而行的时期；第二由文明再进文明，为行而后知阶段；第三是自科学发展以后，为知而后行之时期。他强调人类在进化的过程中，必须经历不知而行的阶段，通过练习、试验、探索、冒险四种方式去了解世界、建设文明。他鼓励人们为了生存发展，要大胆进取。他大声疾呼，要人们为了开创新的事业去冒险奋进，以求真知，而不是坐而论道。

就人而言，有的人是先知先觉，有能力创造发明；有些人为后知后觉，专门仿效先知先觉进行鼓吹；还有一类为不知不觉，但埋头苦干者。也就是有些人因为天生聪明、悟性高达到"知"的境界，有些人却不能达到“知”的程度，但是，这一切都不妨碍“行”，不知者只要跟着去行就可以了。

孙中山在历次革命失败之后，为了鼓舞斗志，希望依靠民心来建国，提出了“知难行易”观。这一观点的提出在哲学上意义大，但作为政治思想而言却是理论枯竭的一种表现，它实质上告诉人们只要去“行”就会有“知”。后来蒋介石由此楔入，提出了“力行哲学”，就是它的消极面的表现。

直接民权

19 世纪末 20 世纪初，美国的一场进步运动，给中国的民主主义战士送来了最新的民权思想和形式。

1893 年美国的经济危机发生时，各城市的市政混乱与腐败到了登峰造极的地步。原有的各州和市镇组织不是由选举出来的代表负责，而是由政党小集团把持。他们依靠做些慈善事业换取人民的支持，但他们本身却是很腐朽的，贿赂成为普遍现象。代议制实质上很难真正代表人民。经济危机使市镇的腐败暴露无遗，城市的公益和服务事业没法开展，人民对政府由失望转而反抗。自然，人民普遍的不满必然会有人民的代言人出来，要求改变现状。

这是一场改良性质的运动。它以要求政府廉洁为最起码条件，为使这一目的制度化，喊出了“还政于民”的口号。进步派人士提出代议制政府在旧的形式下已告过时，为使公众能够控制政府和政党，必须采用新的制度。

按照过去的制度，候选人都是由地区、县和州的党的代表大会提名，这就给党的领导核心提供了可乘之机，他们既可以安插亲信又可以让代表从属自已，从而控制候选人的提名。因此，改革的第一步就是由人民直接推举候选人，后来又发展成由选民直接选举联邦参议员。1913 年，美国宪法进行了修改，补充了直接选举的内容。

在有些地区，改革更为彻底，要求给予人民创制和复决法律的权利。经过近十年的实验，1908～1915 年间大约共有 20 个的州实施了这一制度。

为了能够完整地保障人民的权利，进步派人士还提倡人民拥有直接罢免权，以便及时撤换不称职的官员，并在一些州开始付诸实施。

进步运动如火如荼地在美国展开，但进步派并不能完全如愿，比如争取创制与复决权的活动在 1915 年基本上停顿了下来，罢官权更是受到了保守势力的攻击，没有得到法律的承认。但进步运动的思想，包括对代议制的批判和对直接民权的鼓吹，却漂洋过海传到中国。

孙中山率先作出反应。1916 年 8 月中旬，他来到杭州，在浙江省议会发表演说，表示中央政府不论其为真意的共和，或者是表面共和，人民总愿意相信政府是好意，是有建立真共和的心愿的。其实政府有政府的责任，人民有人民的责任。这席话，表面上是批评人民没有尽自己的责任，实际上是提醒人们依靠现在的中央政府是不对的，因为这个政府未必坚持真共和，或许只是个假共和。因此，他要求人们负起责任来。最好的办法是实行地方自治。

孙中山说，按照美国的经验，地方自治以县为单位，最高权力属于人民，人民拥有选举县长和县议会会员的权力，也有罢免他们的权力，这一罢免权是新近才有的。对法令，人民拥有创制权。比如某项法案被提出后，得到全县十分之一的人的赞成署名，就可以召开国民大会，得到一半以上的人的赞成，就成为一条新的法律，全县人民共同遵守。同样，对已有法令，人民感到不符合愿望，也可以按照上述程序取消该法，这叫复决权。选举权、罢免权、创制权、复决权四权就是直接民权，地方上实施了这四权，才被称为地方自治。

当全国各县都实施了自治，民国的基础就牢牢地扎根于人民之中。然后各县派一个代表参加全国一级的国民大会，选举全国的大总统，参与中央立法，这叫全国的直接民权。这样的国家才叫真正的民主国家。

用西方民主自治的标准来衡量，目前的民国是名不符实的。如何改变现状呢？要先由先知先觉者负责启迪人民，教导人民，设立地方自治学校，各县都选人入学，一二年后学成归乡，在地方任职。然后各地开始调查人口、清理地亩、平治道路、广兴学校等，逐渐走向自治。在此基础上制定的宪法才是有效的，否则就如一张废纸，毫无价值。

直接民权的倡导，体现了孙中山对民主本质的认可，是十分可贵的。但从他的实施途径看，地方自治没有存在的现实基础。地方政权和中央政权是一以贯之的，中央是假共和，地方也是同样。所以，孙中山的介绍没有引起应有的重视。

5 佐证直接民权

1919年，直接民权的问题才被孙中山的追随者热情地宣传。这一现象是和五四运动相联系的。

第一次世界大战结束后，协约国在巴黎召开“和平会议”，中国作为协约国的成员之一参加了大会。会上，中国代表提出希望取消日本与袁世凯签订的“二十一条”，收回日本企图从德国手中获取的对山东的权益，各帝国主义国家放弃在华特权的要求。但是，遭到拒绝，北洋政府迫于列强的压力，准备在和约上签字，从而引发了五四运动。

巴黎和会的消息传到国内，激怒了全国人民，“公理战胜强权”的幻想破灭了。国内人民采取游行、示威、罢课、罢工、罢市的方式，反对政府签约。要求惩办卖国贼曹汝霖（订“二十一条”时的外交次长）、陆宗舆（订“二十一条”时的驻日公使）和当时的驻日公使章宗祥的职务。国外华侨和在法华人包围中国使馆，不让中国代表前去签约，最终使签字流产，造成了拒约的事实。

对此，廖仲恺十分兴奋。他说人民迫使政府撤了陆、曹、章的职务，是事实上施行其罢官权。不同的是西方各国有法律做保障，我们却只能提出要求，但是罢免与否并不能由我们自己决定，离罢官权还相差很远。人民拒约，到处反对北京政府在欧洲签订和约，也像是行使不规则的复决权。说它“不规则”，是与民主国家相比较。在这些国家人民的复决权是受法律保障的，人民以请求书的方式，写明反对某项提案并签名，再传给其他百姓，以求得同情者。当签名够法定人数，就可以让全体人民投票决定去留。如果多数赞成，那么这项法律或法案就不容置疑地将废除。中国却没有这套制度，但人民自发地参与国事，对政府决定的事情表示反对，迫使政府让步。实际上是复决权的原始形态，它充分说明，直接民权的必要性。

廖仲恺认为民国主权在民，是谁也剥夺不了的。虽然在法律上、制度上人民主权被军阀等强盗夺走，主权不完全。但是人民可以自觉地夺回权力。现在，人们就像手里拿着救火用的工具，当火灾发生时，却手忙脚乱不知所措，全然忘了手里的东西，经人提醒才恍然大悟，一使用果然很灵，大官被罢免了，和约也不敢签了。这样人民才明白自己的权力被剥夺了，才知道直接民权的厉害。廖仲恺表示今后努力的方向就是要把民众的力量集合起来，变成受法律保护的创制权、复决权和罢官权。这样的国家才是真正的民国，中国政治和社会的毛病才能根治。

朱执信补充说，虽然罢工、罢课、请愿、游行是表达民意的办法，但不是长远之计。人民不能事事请愿、时时上街，而政府对人民的要求是否采纳，并不是由人民决定。何况这种方式会给军阀政客可乘之机，他们可以收买或者利用一般人为自己申张、假装民意。比如袁世凯就特别擅长于此。他为了表示自己是遵从民意当上皇帝的，通过筹安会，发动各省来京人士组成各种名目的公民请愿团，而请愿团的请愿书一律由筹安会起草，他们仅仅是挂名，然后，通过请愿团将自己想说而不便说的话说出来。后来，各省国民代表大会上，各省的推戴书全是一模一样的字句。他们的所作所为，虽然是越描越黑，但这种盗用民意的机会决不能留给窃国之贼。唯一的办法就是实行直接民权。

直接民权是解决一切政治争论的最终形式，它真正直接体现了人民的意志，而不需其他什么人来说三道四，也不会引起所谓代言人的争执。人民有权制定法律，就可以防止政府不良政治的出现，人民有权取消法律，又可以保障人民不受不利于人民的法律的危害；人民对官吏的罢免权，使不合意的官吏不能在位，这样，政府就归人民支配，国民也就真正成了主人。

当人民拥有了三大民权，就不再畏惧带兵的拿枪的军人，就不怕卖国的盗贼，政治就有了澄清的时候。他们预言，当人民拥有了直接民权，中国政治上的毛病也就好得差不多了。

现在，北方有北方的军阀、北方的政府，北方政府内有无数的小派别；南方有南方的军阀、南方的政府，南方各小派别，中国的政治令人绝望。廖仲恺形容说，全国各地情形都一样，就像化学成分一样，同元素、同分量的物质合在一起，出来的化合物总是一样的，凡军阀政权，无论大小，本质一样。只有把其中的分子和数量变动后，才能产生新的东西。只有把军阀掌握的权利夺过来，还给人民，中国的问题才能解决。

孙中山等人借用三大民权，揭露军阀政权的反动，希望实现直接民权以克服民国成立以来国会的名存实亡，摧毁军阀独断的政权。在认识上，他们对人民的力量看得比较重，这是一大进步。

为了进一步说明直接民权的必要性，他们对直接民权与代议制进行了比较。廖仲恺在《建设》杂志上，刊登了他翻译的美国人威尔科克斯著的《全民政治论》，朱执信发表了《国会非代表性及其救济方法》，专门对此发表议论。

代议制为直接民权作了准备。代议制的出现是对封建专制独裁的否定。国会的存在，扩大了人民参政议政的范围。因为国会由选举产生，意味着当选者获得了更多的民心，而国会内人员众多，使他们能够从不同的阶层的立场和角度看问题，反映人们的意见。

但是，人类总是要追求完美。当代议制占据主导地位以后，人们发觉它也存在着许多不足，最不能容忍的是，它并不能完全代表民意。

首先，议员的选举很难保证代表全体的意愿。一般选举采取两种方式：一是多数选举制，一是比例选举制。多数不等于全体，而且议会中的多数，不等于国民的多数。比例代表制之中，比例的确定是个难点，什么样的比例更能代表民意很难定尺度，往往少数党派反而占了多数席位。总之，代议制的科学性合理性不能让人信服。

其次，就议员而言，他们具有国民和党员的双重身份。他们没有当选时，为了博得人心投人民所好，一旦当选，往往把自己的诺言抛之九霄云外。在立法时，当党的利益和人民的利益发生冲突时，个人利益和公众利益发生矛盾时，他们的立场往往站在党和个人一边。至于除弊改革的法令就更不易通过，他们自己就是靠弊政立足的。因此，立案的法律往往与人民的意愿不符，人民想提出或废除的议案不能列入议题。所以，议会不能代表民意。

代议制度的上述弊病，已失去了代表人民的初衷，因此，人民必须把这一权利收回，实行直接民权。

6 取舍马克思主义

国民党在很长的历史时期称中国共产党为“共匪”，视马克思主义为洪水猛兽。但是，曾经有过一个阶段，国民党的最早一批领导人却热衷于研究马克思主义，并运用马克思主义的观点和方法。这似乎令人费解，其实每个人的思想是复杂而又容易起波澜的。生活在同一时期的人尽管主观上彼此不服，甚至仇视；客观上却互相制约互相影响，尤其表现在思想上，更是你中有我，我中有你。

国民党最早接触到马克思主义并加以宣传的人是朱执信，时间应当追溯到1905年。这位国民党中的才子，当时正在日本。20 世纪初的日本，社会主义运动十分活跃，日本的社会主义刊物《社会主义研究》等，介绍了马克思、恩格斯、拉萨尔、欧文、傅立叶、圣西门等人的生平，登载了马克思、恩格斯的一些著作。朱执信通过阅读日文报刊，了解到了马、恩的一些思想。他在《民报》上摘译介绍了《共产党宣言》和《资本论》中的剩余价值理论，认为马克思是一个不同于以往的社会主义者，不同于空想的社会主义者。因为马克思能够指出资本主义之害的由来，并指出消灭资本主义的办法。他表白自己研究马克思主义，是为孙中山所提倡的社会革命提供理论参考。

朱执信的言论在当时的背景下可谓凤毛麟角。1919 年，五四运动以后，马克思主义开始在中国广泛传播。中国共产党的早期理论家李大钊、陈独秀除了自身信仰马克思主义外，还积极地从事宣传。国民党中的一些人，也独具慧眼，在各式各样的思想潮流中，偏偏看重马克思主义。其中有后来被共产党称为极右派的戴季陶、老右派的胡汉民等。

这些人对马克思主义的兴趣，与他们对中国现状感到手足无措有关。同盟会建立时，他们以为推翻清王朝就可以建立民国。清朝推翻了，政权却被袁世凯等军阀把持，几度革命，几度奋争，始终没有建立一个真共和。到底是什么在作怪？仅仅是个人素质吗？当然不是。孙中山早就说过，如果华盛顿不是在美国而是处于法国拿破仑的地位，那么他只可能是拿破仑而不是华盛顿，这是由当时的社会历史条件决定的。

然而，又是什么力量使社会作出这样的决定，主宰社会的根本力量是什么呢？

马克思主义回答了这个问题：①物质资料的生产是社会生活的基础，物质资料的生产方式是决定社会面貌、决定社会制度发生变化的主要力量。其中生产力又是生产中的决定因素；②国家和政治制度是从属于经济关系的，一个国家一个社会的一切生活方式取决于该国家该社会的经济组织；③社会意识是社会存在的反映。

上述马克思主义唯物主义历史观，为这些国民党人提供了认识中国社会问题的指针。在三民主义学说发展史上，出现了第三次重点的转移：由“反满”的民族主义为主到“反军阀专制”的民权主义为主，再到目前的以经济为基础的民生主义为主。

他们认为民生主义抓住了社会问题的关键，晚清以来，中国社会的动荡不安是由于旧的经济体系受到了前所未有的冲击，机器制造业的引入打破了农业手工业为主的中国社会的安宁，造成大批人员失业流离。社会经济的变化表现为政治上的不稳定，解铃还需系铃人，社会政治的稳定，有待于新经济体系的完成，所以，“物质建设”是根本。

“物质建设”的关键是生产工具和流通领域的率先发展。他们写了大量的文章，提出自己的设想，其中孙中山的《实业计划》最为宏大，也最能体现他们经济发展的侧重点。

关于发展经济，他们主张“统一而国有”，孙中山在他的《实业计划》中专门将国有与私营进行了分工，很显然，他对国有更为重视。

但是，他们对马克思主义的热衷，并不说明他们信仰马克思主义。就在戴季陶宣传与使用唯物史观的同时，1919 年 6 月孙中山问戴季陶为什么留心于工人运动。戴季陶说："就这次的现象（指五四运动）看来，工人直接参加政治社会运动的事，已经开了幕"，表示要"用温和的社会思想，来指导社会上的多数人"。他还极其反感地说："那些做煽动功夫的人，就拿了一知半解、系统不清的社会共产主义，传布在无知识的兵士中和工人里面……如果因为这一种无意识的煽动，发生出动乱来，真是一塌糊涂，没有办法了。"可见，他对于早期的工人运动存有恐惧心理。

戴季陶的想法并不孤立。国民党中的绝大部分理论家一般认为中国因为产业不发达，劳资对立不尖锐，阶级划分模糊，不可能有真正的工人运动，因此，马克思主义的阶级斗争学说是不适宜于中国的。这就是共产党与国民党在对待马克思主义认识上的差别。

即使最早宣传马克思主义的朱执信，虽然认为阶级斗争是存在的，不是想出来的，但依靠什么阶级作为消灭阶级的力量，还是模糊不清的。

至于孙中山，在和戴季陶交谈时就强调要"免除"种种阶级冲突、阶级斗争的苦恼，建立一个没有阶级的社会，显然并不赞成在现实社会中采用阶级斗争的手段。他的这一观点，贯穿了他的一生。

7 《实业计划》

1919年春，住在上海愚园的孙中山和宋庆龄向外发出了大量信件。收信人大部分是各国驻华公使、政界要人。信的发行面极广。当时的英国内阁阁员人手一份。信内装的是孙中山最近写就的《国际共同发展中国实业计划》（The International Development of China），是用英文写的，现在，人们一般称它为《实业计划》。

孙中山所以要向各国散发他的长篇计划，是有原因的。这时，第一次世界大战结束，即将到来的和平给各国经济提出了新的课题。战争结束后，战士变成了生产者，战争费用变成了建设基金，战时遗留下来的国有化生产，将要造成继机器代替手工后的二次工业革命，所以，战争一停，世界就会走向另一面，商业战争成了一种新的世界之战，随着工业快速发展，争夺市场包括原料市场和销售市场的斗争会愈演愈烈，为此，孙中山向各国要人建议，共同开发中国市场，而开发中国市场的先决条件是帮助中国发展实业。

按照以往的经验，各商业国都以中国为市场，虽然一时获利，造成中国入超，但从长远来看，却是饮鸩止渴，中国如此输入，最后是财尽人穷，金钱和货物全部枯竭，市场变狭，无法消纳商业国的商品，从而失去了贸易中的互利原则。

孙中山强调，必须扶持中国走向工业化，这不仅仅使中国人受惠，西方人同样从中得到好处。中国为资本主义各国提供了更为广阔的资金投资市场、机器销售和商品买卖市场，从而缓解了西方的经济恐慌，解决西方的失业问题。他认为物质文明是大家共同的利益，前提不该是竞争而是互助。

中国实业的方向是两步并着一步走。西方各国先后经历了蒸汽机替代手工的第一次工业革命和私人个体所有走向统一而国有的二次工业革命，中国是"废手工，采机器，统一而国有"同时进行。凡是从事个人企业比国营更适宜的，就任其发展，国家还要以法律保护它，奖励提倡它，税制和货币制度要加以改进，还要以便利的交通为之辅助，清除官僚衙门的障碍，总之，创造符合私人资本主义发展的社会环境。

另一方面，不能委托私人办的事业或有独占性质的行业，必须由国家从事经营，比如铁路、邮政等等。这些巨大的建设事业，必须先吸收外资、雇佣外国人才，并事先制定庞大的计划。孙中山的《实业计划》就是为此而作的。

《实业计划》包括六个计划，前四个重点是规划、交通、运输。在渤海湾建北方大港、上海建东方大港、在广州建南方大港，作为对内对外沟通的枢纽。以此为起点，向国内深入，用铁路、水路将全国连接起来。同时发挥原有运河、长江、珠江等大河大江的运输能力，顺便治理水患。铁路建设要形成中央、东南、东北、西北、高原五大系统，共建十万英里干线。与此相应，创立机车、客货车的制造业。铁路的敷设与资源的开发相连，和内地的发展、边疆的戍守相关，造成“货畅其流”的局面。

第五项是关于人民生活必需品生产行业的计划。由于中国各行各业都很落后，生产方法不良，费时费工效果不佳。所以，同样需要外资和外国专家。他按食、衣、住、行和印刷来分类共五大工业，指出了粮食工业、服装工业、居室工业、行动工业和印刷工业的发展重点。

第六项为矿业发展计划，其中钢铁为最重要，其次为煤矿，再为油矿、铜矿以及金、玉等特种矿的开采，相应发展矿产机械工业和冶矿工业。

孙中山这个庞大的发展计划，是在前一阶段发展铁路思想基础上提出来的。特点有二：第一，实业方面以国民的需要为国营事业的发展原则，目的在于获得全国国民的福利，在注意交通运输发展的同时，注意到了直接为人民所需要的衣、食、住、行的发展，全局观念有所提高。第二，主张国有。这一主张与以前防止资本主义带来的弊病的目的相同，但又有补充，作为一个落后的受侵略的国家，集中全国之力才能更好、更快地发展本国工业，只有国有是最佳途径，所以，是务实的做法。

孙中山的大作寄出以后，各方反应冷淡。美国商务部长给孙中山回信说，建设计划“将为人类全体最大利益”，但是，计划气魄过大，就是实现其中最小部分还需要数十亿美元，而其中多数投资初期不会有什么效益，利息和资金难以兑现，尤其中国背负的债已经很重，根本不可能付清新增利息。他建议孙中山限制发展计划，仅仅以引入私人资本为限度。

国际共同开发中国实业的计划没有得到响应，但是西方向中国市场的冲击却不出孙中山所料。孙中山面对不利于中国民族资本发展的现状，大声疾呼“惟发展之权，操之在我则存，操之在人则亡，此后中国存亡之关键，则在此实业发展之一事业也”。他希望全国人民都有发展经济的认识和知识，为此，他请朱执信、廖仲恺、林云陔、马君武等人将他的计划由英文译成中文，并陆续在《建设》杂志上发表。他将《实业计划》献给了中国读者。

8 达尔文的影响

1859 年，英国学者达尔文小心翼翼地将《物种起源》一书献给世人。他以翔实的事实和细致的研究，正面论证了物种是由共同的祖先进化而来的，物种的进化是通过自然选择来进行的。

因为生存空间是有限的，各种物种繁殖的速度往往超出了空间所能承受的限度。因此，同一种类之间就存在一个生存竞争。在竞争的过程中，最适宜环境的当然最有生存的希望和机会。竞争优胜者和失败者个体之间显然存有差异，有利于生存的偶然变异通过优胜者传给了后代，于是一代又一代的优胜劣败促使物种向前进化。跑得最快的豹子，最有抓到猎物的机会而不被饿死，结果豹子越跑越快。而跑得最快的马，最能躲过被捕杀的危险，所以，马也越跑越快。这就是“适者生存”的自然选择。

具有“上帝造人”、“上帝造世界”的观念的人们，无法接受达尔文物种进化的新学说。尤其是把人的祖先说成是猿或猴子，更令他们痛心。1860 年，进化论者和神创论者在英国进行了一场大论战。进化论的辩护者叫赫胥黎，他以雄辩的口才和确凿的事实，指责神创论者对自己未知一切强作了解，加以干预，用宗教的情绪和花言巧语来掩盖真理。他正色地说，没有理由因为自己的祖先是猴子而羞耻。他的论证如此不容置疑，以至于一位深信教义的妇女当场晕倒。

进化论的理论很快就被用来解释社会现象，从而产生了社会达尔文主义。它一方面被侵略他国、欺侮弱小民族的资本主义各国利用，为自己的扩张、侵略辩护，弱肉强食既然是普遍规律，优秀的种族和强大的国家也就有权支配柔弱的民族，因为“适者生存”。

但另一方面，这种理论刺激了弱小的民族，促进了他们的觉醒。他们不再纯粹地抱怨或指责侵略者，而是把目光投向自己，以自强来摆脱被淘汰的危险，以现代化的建设重新塑造国家。长期以来，孙中山正是这样想的。国民党中的许多人也是这样想的。

在大洋彼岸，矗立着一个新兴的强国——美国。在美利坚合众国的旗帜下，来自德、英、法等旧大陆的各族移民，原黄色皮肤的土著人、棕红色的岛国人、黑色的非洲人渐渐融合，组成了一个生气勃勃的新民族——美利坚。这种民族的组成，正是孙中山等人向往的。他们盼望中华民族能够团结起来，组成一个完全的民族国家，和美国一样，成为东西半球两大民族主义的国家。

"汉、满、蒙、回、藏"五族共和，曾经是革命党民族主义的目标。但是1919年前后，孙中山对此口号表示了不满。他说"五族共和"实际上是辛亥后"世袭的官僚、顽固的旧党、复辟的宗社党凑合在一起，叫着五族共和"，实际上中国仍处在半独立状态，民族主义没有成功。

满洲属于日本势力范围，蒙古处于俄国人的势力之下，西藏差不多为英国的囊中之物，至于回民，大多数是汉人。满、蒙、藏与外国间的关系，说明他们没有自卫的能力，这就需要汉族伸出手去，帮助他们摆脱外来势力。因此，以汉族为中心，其他各族与汉族同化融合，形成一个相当于美利坚民族的新民族——中华民族。

民族的融合，新民族的产生并非人们头脑的产物。长期以来，血统和宗教为民族的纽带；共同的历史、相同的习俗以及统一的文字和语言也是民族形成的条件。但是，随着人类的进步，民族的精神成为更高意义上的黏合剂。在阿尔卑斯山麓，有一个小国叫瑞士。那儿不但有明媚的山水，更有祥和宜人的政治气氛。当地存有许多民族，人民来自日耳曼、意大利、法兰西等国，由于共同向往自由，崇尚自治，实行了直接民权，从而成为一个完全的民族主义的国家。孙中山认为，我们的民族主义，也应该如此。要以民族正义的精神来唤醒民族。孙中山称之为积极的民族主义。

在此，民族主义实质上包含了民权主义的内容，两者不可截然分开。这也提出了提高民族素质的要求。

反身求诸己的谦谦君子之风，除了要从政治上克己外，经济上的自强同样不可忽略。将这种思想进行明确表达的是戴季陶。五四运动时，广大群众出于对日本侵华的义愤，普遍展开了抵制日货运动。戴季陶见状，发表议论，以为抵制日货只是暂时的手段，要真正做到“国民自觉”、“民族自觉”，只有在中国不依赖外来产品而仍然能够生存的时候。唯一的出路是兴办大工业，发展中国的经济。诚然，从长远的观点看他的说法没错。在如火如荼的反日声浪中，他的“远水”难以救“近渴”。

孙中山先生的上述观念，曾在相当长的时间里，阻碍了他对资本主义和帝国主义各国侵略本质的深入了解。更何况，资本主义各国政治上的民主和经济上的发达，令他羡慕不已，从而一相情愿地认为：我跟着你走，你总会拉我一把。

9 友乎？帝国主义！

孙中山的民族主义，经历了三个阶段：首先，是反对满族的异族统治；其次，是强调民族的自决；最后，在他晚年把矛头对准了帝国主义。他的反帝思想，是严酷的事实逼迫的结果。

孙中山曾经这样表白过：“中华民国就像是我的孩

子，他现在有淹死的危险。我要设法使他不沉下去，而我们在河中被激流冲走。我向英国和美国求救，他们站在河岸上嘲笑我。这时候漂来苏俄这根稻草。因为要淹死了，我只好抓住它。英国和美国向我大喊，千万不要抓那根稻草，但是他们不帮助我。他们自己只顾着嘲笑，却又叫我不要抓苏俄这根稻草。我知道那是一根稻草，但是总比什么都没有好。”这席话体现了他深深的无奈。他是针对西方各国指责他联俄而说这番话的。英、美等国长期以来正是这样对待孙中山及其中华民国的。

在与各帝国主义国家打交道的时候，孙中山没有得到过真诚的帮助。相反，民国的敌人却常常得到资助。其中的原因并不稀奇，袁世凯以及后来的北洋政府，乐意出卖主权以换取各帝国主义的援助。唯利是图的帝国主义，他们以援助为名，获得侵华的利益。这就是他们能够沆瀣一气的根本原因。对此，孙中山是逐渐认识到的。

第一次世界大战期间，北洋政府决定参加协约国一方，向德、奥宣战。他们视英、法、美等国代表公理，而将德、奥指为强权。孙中山反对中国加入，并让朱执信执笔，发表了《中国存亡问题》一书。这本书虽然在某些观点上不太正确，颇有袒护德奥之意。但是，对老牌帝国主义——英国的揭露，却道出了侵略者的本来面目。

孙中山认为帝国主义的殖民政策经历了两个阶段：第一阶段殖民地与列强间纯粹是被掠夺与掠夺的关系，

就像蜜蜂取蜜一样，目的在于夺取精华以利殖民者。第二阶段不同，到了20世纪，这种政策变为依附关系。殖民地与母国视为一体。殖民地成为原材料的供应地和吸收工业国剩余产品的市场，两者在经济上休戚相关。帝国主义各国以损人利己的办法，养肥了自己。英国正是依靠印度等殖民地，才日益变得强大起来。

同样，事实也让孙中山体会出帝国主义与军阀间的连带关系。第一次世界大战，战火在欧洲大陆蔓延，列强自顾不暇，德、美、英、法等国家暂时放松了对中国的进一步扩张。野心勃勃的日本，却将中国以至于亚洲视为囊中之物，从袁世凯时期的“二十一条”，到段祺瑞执政时期的“西原借款”，日本侵华政策由一味的野蛮豪夺转为经济控制的“巧取”，通过借款给段祺瑞政府，对中国加以控制。

1916年12月，正值北京政府的交通银行处于困境的时候，突然来了一个出手大方的“财神”，他就是寺内内阁的心腹人物西原龟三。西原和以前借款者不同，借款条件十分优厚，既不要手续费又不打折扣。如此香饵，着迷武力统一而又财力不足的段祺瑞政府，无疑是会一口吞下去的。当然，代价是昂贵的，某种程度上，段祺瑞实际上成了日本人的傀儡。

日本的上述用心，明眼人是不难看出的。孙中山曾经明确地指出，中国的南北对立是日本助长的结果，如果日本改变援助北方的政策，北方派就会不攻自灭。他对日本的对外侵略政策极为不满。1919年3月1日，朝鲜人民举行了反日示威游行，日本帝国主义悍然进行镇压屠杀，消息传来，孙中山立刻呼吁，要求日本政府承认朝鲜独立。1919 年 4 月，日本记者大江在访问孙中山时说，希望孙中山不要把他当成日本人，而视为亚细亚人，孙中山愤愤地说你们日本人不是亚细亚人。大江深感愕然忙问为何？孙中山说：你们日本人被欧洲人使用侵略我亚细亚人，怎么能是亚细亚人呢？你们日本人若想以亚细亚人的面目行事，就应该将满洲权利和山东问题早日交还中国，并允许朝鲜独立。只有这样，才能消除中国人民对日本的疑惑与不安，确保东洋和平。否则中国人只能对日本采取猛烈反抗的态度。

1920 年，奉系军阀张作霖和直系军阀曹锟、吴佩孚联手，赶走了皖系军阀段祺瑞，坐镇中原，其中的张作霖就是由日本一手扶植的。孙中山曾经十分清醒地揭示了北京政权的性质。他说张作霖虽然名义上是东北三省奉系军队的统帅和督军，但实际上却是北京政府的“主子”。而张作霖本人又在一切重大的、和日本有关的事情上听命于东京。所以，在一切和日本切身利益有关的重大政策问题上，北京实际上是东京的工具。

显然，与北京政府对立，也就是与列强对立，与帝国主义对立。广州政权若想维护民族利益，就休想与列强结盟，获得他们的友谊和援助。

 敌乎？帝国主义！

不能作为朋友，未必就是敌人。但是，帝国主义的所作所为终将自己放在敌人的位置上。

1923年2月，孙中山在广州重新建立了大元帅府，自任陆海军大元帅，与北洋政府分庭抗礼。为了解决大元帅府资金缺乏的问题，同年12月广州政府曾经扣留粤海关“关余”，并要求收回海关权益。这一举动，捅了马蜂窝，美、英、法、日、意、葡等国调集兵舰进行威胁。

“关余”是“关税余款”的简称。帝国主义在侵华的过程中，把持了中国海关，海关收入为海关总税务司、英国人赫德控制。他们将关税作抵押的赔款和外债按比例扣除后，余下的部分称为“关余”，交给北洋政府。孙中山决定扣除的只是在广州的“关余”部分，并未直接触动帝国主义的利益，帝国主义如此大动干戈，派军舰游弋于黄埔，目的在于示威，袒护北京政权。

帝国主义为虎作伥的行动，激怒了孙中山。他表示决不让步，并发表《告美国国民书》，严正指出美国此举是背叛自由主义的，是将自己变成摧残自由蹂躏人权之人。美国在我国疆土之内，用武力征收捐税，供北方军阀滥用，是在犯罪，应该引以为羞耻。

随后，大本营发表关余宣言，决定将关余交大本营收存，并追回1920年3月以后积欠的关余，因为自1917年以来，北京政府是非法的，无权接受广东关余。

为此，孙中山发表《关于建立反帝联合战线宣言》，号召受帝国主义压迫的各弱小民族联合起来，共同反对帝国主义的联合战线，指出帝国主义的英、美、法、日、意都铁了心的与中国的军阀政客进行交易，以买卖中国。他们在中国不是赞助民主力量，而是帮助反革命完成地方封建政治；他们压迫中国革命势力，以金钱枪械延长中国内乱，口头上高喊和平，暗地里挑拨，唯恐天下不乱。因此，广州政府现在与帝国主义国家相见，不是以和平的态度，而是以剧烈的态度。在美、英、日、法、意的战舰开进广州省河的时候，孙中山与帝国主义各国立于敌对的地位，而把取得外援的希望寄予受帝国主义压迫的各国。这是孙中山首次鲜明地树起反帝的大旗。

孙中山对帝国主义各国的强硬态度，得到全国人民的支持，尤其是香港的华人团体和劳工组织旗帜鲜明地表示愿为后盾。帝国主义各国出于自己在华利益的考虑，被迫让步。美国派公使舒尔曼来到广州，进行交涉，孙中山接见了他。

舒尔曼说：美国向来对中国及他国内政采取不干涉政策。

孙中山不客气地说：“不干涉中国内政，为在华各列强所一致赞同。但此不过一空谈。”

孙中山接着说：“就看现在有六国战舰停泊在广州港内，试图阻止我们利用应得之关余，并将关余付诸北京，还能说不干涉内政。”其实不干涉内政只是名义上的，外交团控制中国如一殖民地则是事实。

对孙中山的话，舒尔曼没法驳斥，最后同意，广州政府可以将粤关余留下，作为治理西江的费用。实际上认可了广州政府有使用粤关余的权力。

但是，舒尔曼明确地对孙中山表示，美国政府不承认广州政府。他离开广州后，在上海对新闻记者说：虽然关余可以提出部分供粤办理浚河工程，但美国政府并没有承认广州政府的意思。毫不隐晦他们的不友好态度。

1924年以后，列强的这种态度逐步升级。他们指责孙中山对苏俄的友好，敌视广州政权的发展，视孙中山为亲俄力量的“罪魁”。十分希望颠覆广州政权。

其中，有些香港的英国人力图在广州物色反政府力量。他们看中了商团。商团是商民的有武装的组织。由于广州一直是一个是非之地，南来北往，出出进进的军阀给商民带来了苛捐杂税，使他们的生命财产受到了严重的威胁。为了自卫，他们将自己武装起来，商团当时的会长是陈廉伯。他们对陈廉伯说：“如果能动员商团反对广州之政府，英国愿助君组织商人政府。”并诱惑陈廉伯，事成之后，陈将成为中国华盛顿。

陈廉伯听后，立刻动手准备扩大武装，向香港方面购买枪支9000余支，通过丹麦走私船运入广州。但是，孙中山在英使馆也有朋友，他向孙泄露了这个秘密。因此，船被截获。

陈廉伯等人仗着英帝国主义的撑腰，宣布罢市，挑拨商团千余人来到大本营要求发还枪械。孙中山亲自出面接见，疏导这些人回去。广东省政府下令通缉陈廉伯。

英国驻广州总领事贾尔斯，送紧急公文致陆海军大元帅大本营外交部广东特派交涉员傅秉常，声称沙面领事团“抗议对一个无防御城市开火的野蛮行动”，并警告说“现接英国（驻粤）海军长官通知，云他已奉香港海军司令之命，如果中国当局向城市开火，则所有可动用的英国海军部队将立即采取行动来对付他们”。

孙中山指出，上述几行话无疑是宣战。为此，孙中山于9月1日致电英国首相麦克唐纳，对英国政府支持商团叛乱，企图颠覆广州革命政权的帝国主义干涉中国内政的这一最新行动，提出强烈的抗议。

同一天，孙中山发表了《为广州商团事件对外宣言》，严正指出：“我看出在英国帝国主义的这项挑战中，还有更深远，更险恶的用意。从十二年多的时间里，帝国主义列强一贯给予反革命以外交、精神上的支持并给以数以百万计的善后及其他名目的借款可以明白，对帝国主义的行动，除了是摧毁以我为首的国民党政府的蓄谋而外，不可能有别的看法。”他宣布，革命党曾经一度以反满族统治为任务，而现在的议事日程则是扫除革命的主要障碍——帝国主义对中国的干涉的时候了。

五　孙中山晚年对三民主义的重新解释

民族自强

孙中山生前，曾打算把自己全部思想系统化。《建国方略》三部完成后，决定再写一部《国家建设》。内有八册，包括《民族主义》、《民权主义》、《民生主义》、《五权宪法》、《地方政府》、《中央政府》、《外交政策》、《国防计划》。但是，孙中山始终没有完成自己的计划。据说，其中的《民族主义》一册已经写就，《民权主义》、《民生主义》二册的草稿大部也写完。但是，1922 年陈炯明炮轰总统府时，将孙中山所有的草稿以及参考书全部炸毁，给后人留下不可弥补的损失。

值得庆幸的是，就在他逝世的前一年，他在广州国立高等师范学校礼堂专门演讲三民主义。时间是 1924 年 1 月至 8 月，每星期一次，一共 16 讲。孙中山演讲时不用成文的稿子，仅有提纲。他一边讲，黄谷昌一边记录。课后孙中山自己看一遍，然后送给邹鲁校对。校后，孙中山再修改，邹鲁再校，如此反复，最后定稿。因此，这份《三民主义》虽为讲稿，但却具有权威性。

他演讲的目的是为了让人们能够很好地理解三民主义，力求明了易懂。有一次，孙中山讲民权主义，有一段邹鲁不很明白，就拿去问孙中山。孙中山听后，拿起原稿让邹鲁指出不懂之处起于什么地方、止于什么地方。然后不假思索地拿起笔把这些全部划掉。邹鲁十分不安忙问为什么。孙中山说："三民主义的学理虽然非常深奥，却要使凡识字的人，个个都能看得懂。这样，我的主义才能普及民众，然后始能望其实现。假使你都看不清楚，那末看不懂的人，就不知要有多少，所以全部删去。"全文约 18 万字左右，但全无一般理论专著的艰涩，完全可以一口气通读下去。

1924 年 8 月 24 日，孙中山讲完了民生主义第四讲后，因为平定商团叛乱并准备北伐，没有时间讲完余下的两讲。所以，这篇稿子仍是未完稿。

不过，关于民族主义部分却是完整的。他告诉人们一个触目惊心的预测：中国不出十年将会亡国！何以知之？因为中国正遭受着来自列强三方面的压迫。

首先，是自然力的压迫。列强人口发展的速度远远超过我们。近百年来，美国人口增加了 10 倍，英国增加了 3 倍，日本也是 3 倍，俄国 4 倍。照这个速度，百年以后，美国人口可增至 10 亿，多我们二倍半。中国一旦人口少，就易于被美国等列强同化。在民族同化过程中，少数民族融于多数民族是一个十分普遍的现象。因此，孙中山认为要保种，必须增加人口。孙中山没有想到，半个世纪后的中国为人口的膨胀而头痛，人口问题成为中国强盛的极大障碍。

其次，是政治力的压迫。如果列强动用武力的话，一战就可以亡中国。中国根本无国防建设可言。我们没有保卫国家的海陆军，各险要地方没有预备防守，门户洞开，各国随时可以冲进来。最快的当然是日本。他拥有常规军 100 万，海军也相当强大，从日本出发到中国，最多不过 10 天。再由日本往东，太平洋彼岸的美国比日本更强大，除拥有驱逐舰、潜水艇这类新式海上力量外，陆军的潜力很大。他估计从战争动员到攻击中国，也只需要一个月。除此而外，英国、法国等都有灭亡中国的实力。当战争一发生，中国只有挨打而根本没有还手之力。中国之所以没有被列强吞并，在于各国都对中国抱有野心，互不相让，为保持均势，让中国存在。为此，列强召开了巴黎和会和华盛顿会议，旨在避免冲突，维护各国瓜分中国的权利。

兵力固然是政治力的重要因素。此外，通过外交途径与中国签订种种条约以获得权利，这是我们十分熟悉的侵华方式。近来召开的华盛顿会议就是一例，通过一张纸一支笔，以牺牲中国利益为代价，换来列强携手。当日、美、英等国在中国问题上达成妥协，中国被亡的厄运也就临头了。波兰亡国就是我们的前车之鉴，波兰就是俄国、德国、奥国经协商，将其瓜分的。

再次，是经济力的压迫。与政治的压迫相比，经济侵略是无形的，更加隐蔽。列强通过控制海关、银行、运输、租界与割让地的赋税、地租、地价，通过不平等条约得来的特权和战败赔款，还有投机事业，使我国每年受到的损失不少于 12 万万元。也就是每一个中国人每年向外国人交人头税七元五角。如此一笔巨大的金钱，源源不断地流向各帝国主义国家的腰包。到了今天，中国已经是民穷财尽了，再过十年，光是经济的压迫就足以将中华民族灭亡。

更令人胆战心惊的是，对如此险峻的局势，中华民族的民族主义却早已消亡了。它是在清政府高压政策下逐渐淡化的，与中国人长期只注重家庭和宗族有关。在历史发展的长河中，由于汉族始终是强者，因此，民族危机感欠缺，忽略民族的生存，以至于到了今天的地步。

当时有些青年说孙中山的民族主义已经过时，主张世界主义。孙中山十分担心，他尖锐地指出，世界主义是列强为防止弱小民族觉醒而制造的。因此，他们主张的世界主义是有强权无公理主义，对我们中华民族极其不利。

孙中山说只有在民族兴盛时，才能讲世界主义，他比喻说，有一个在码头上担东西的苦力，每天拿着一根竹杠和绳子给旅客挑东西，后来他存了十多块钱，买了一张彩票，就把彩票放入竹杠内，心里记下了彩票的号码，开奖后，他竟然中了头奖，发了 10 万元的财，欣喜之时忘乎所以，心想再也不用竹杠和绳子给人当苦力了，顺手就把它们抛入海中。孙中山说竹杠就好比是民族主义，是一个谋生的工具，而彩票是世界主义。只有当谋生不存问题时，才可以讲世界主义。否则就如这个苦力一样。过早丢掉了谋生的工具，皮之不存，毛将焉附？

因此，孙中山大声地向人们疾呼，唤起强烈的民族危机感，使人民了解民族的祸害是列强。这是恢复民族主义要做的第一件事。

结成团体是恢复民族主义要做的第二件事。如何结成团体，孙中山提出一个方案：中国人的宗族、家族观念十分牢固。可利用宗族作为小团体，基本组织，改良中层组织，形成国族。让人们明白只有民族生存，家庭、宗族才能保全，改变中华民族一盘散沙的现状。有了组织我们就可以采取积极和消极的两手，对付外国入侵者。积极的手段是振兴民族精神。实现民权民生主义，以强大的实力和外国斗。消极的办法就是采取不合作的态度。如印度甘地主张的那样。

民族精神并不是一句空话。它是深藏于中国人民中间，是中国人特有固有的东西。要恢复中国固有的旧道德：忠孝、仁爱、信义、和平，并赋予旧道德以新的内容。比如忠：可以忠于人民、忠于国家，而不是忠君。还要恢复中国固有的智能，固有的知识。这种知识他称为政治哲学，即儒家经典《大学》中的格物、致知、诚意、正心、修身、齐家、治国、平天下。由自身修养做起，由我做起、积小成大，使全国人民都有一种奋发向上的精神。

同时，还要向国外学先进的科学技术，恢复中国人在科技方面的发明创造力，迎头赶上，后来居上。

《三民主义》之中的《民族主义》部分，全面而真实地反映了孙中山关于民族主义的理论，提出并论证了帝国主义是中华民族的敌人，他们无时不在企图灭亡中国，力论中华民族已到了生死存亡的关头，唤醒人们的民族意识。这些无疑是正确的。他对中华民族悠久的历史和文化存有的深切自豪，并要求恢复固有的道德给我们提出了如何对待传统文化的问题，值得今天的人们深思。

自由平等辨

民主与民权是历史潮流，但是民权的内涵却是个值得推敲的问题。

1924 年孙中山做报告的时候，“广大知识阶层对民主已不陌生”。1919 年的一场五四运动，既是爱国主义运动，又是一场空前启蒙运动。他们以“民主”和“科学”为旗帜，向专制和愚昧进攻。运动中涌现了一批新人，他们没有加入孙中山的队伍。对新文化的介绍宣传，对爱国运动的积极领导，使他们脱颖而出，成为新思潮的领袖。其中的主要人物是陈独秀、李大钊、胡适等。

当时思想界的情形，瞿秋白做过十分生动的描述。“五四”前，思想界犹如“久壅的水闸”，到“五四”时猛地放开，于是“旁流杂出，虽是喷沫鸣溅，究不曾自定出流的方向。其时一般的社会思想大半都是如此”。但从总体看来，五四运动早期以“打倒孔家店”反封建的旧道德旧传统，崇尚法国大革命时的“自由、平等、博爱”为主干，后期则转向是否接受马克思主义的讨论。

应该说，孙中山倡导“民权主义”，与新文化运动的“民主”口号，无论从源流看，还是实质说都是一致的。只是侧重点不同而已。但是，孙中山针对时风，指出照抄西方的自由、平等是不对的。

他认为中国人不是自由太少，而是自由太多。可以说是一盘散沙。这种国情与西方的状况是不同的。欧洲中世纪时，严格的等级制度剥夺了绝大部分人的人身自由，人民思想不自由、言论不自由、行动不自由。因此，有“不自由，毋宁死”的口号。而中国则是天高皇帝远，人们除了向皇上纳粮外，过着“日出而作，日入而息。凿井而饮，耕田而食，帝力于我何有哉”的自由自在的生活。人民普遍没有迫切要求自由的愿望，提倡自由显然是不合国情的。

提倡自由不但没有好处，反而给中国带来危害。他说推翻清朝以后，民国至今没有建成就是因为错用了自由。因为各有各的自由，彼此很难团结，各省之间很难联合，号令不统一把中国弄得四分五裂。

那么，中国人该不该争取自由？孙中山肯定地回答：应该！但不是为个人争自由，而是为民族为国家争自由。他号召人们为了国家的自由，牺牲个人的自由。

孙中山争国家自由的思想，是当时历史条件下的产物。在民族危亡之秋，帝国主义和中华民族间的矛盾激烈冲突之时，孙中山希望四万万同胞团结一致，犹如粒粒不相连的沙子，掺入水泥、石灰结成坚固的石头一样，坚不可摧，摆脱“次殖民地”的地位。他的用心是良苦的，心情是可以理解的，因此，为当时的一些人所认同。当然，我们并不否认，孙中山对“自由”的认识存在一些缺陷，比如中国人是否是自由太多？自由是否是造成中国四分五裂的根本原因？国家的自由是否与个人的自由相冲突？都值得再商讨。

平等的内容是十分丰富的。每一位看过《简·爱》这本书的人都会对这句话留下很深的印象，简·爱对罗切斯特说：“你以为我穷、不好看就没有感情了吗？但是，我们的精神是同等的。就像我们最终穿过坟墓都将同样地站在上帝面前一样。”她追求的是精神的平等；中国古代农民提出“等贵贱”、“均贫富”、“均田免粮”口号，太平天国的领袖洪秀全以“天下多男子，尽是兄弟之辈；天下多女子，尽是姐妹之群”，体现了农民朴素的平等观。要求社会地位平等，经济上的均富以及人与人间平等相处。到资本主义时代，人们的平等集中体现在政治上的反专制，要求普遍的参政权；经济上的反特权，要求宽松自由的经济环境以及有效地保护私有制的措施，以利于私有经济的发展。这种经济发展的模式，虽然能够很快促进生产力的发展，刺激人们的生产积极性。但是，却能极为迅速地造成两极分化，形成经济上的不平等，最终导致政治上的不平等。如何最好地实现“平等”这是民主政治向人们提出的一个现实问题。

孙中山把不平等分成人为的不平等和自然的不平等。人为的不平等，实际上就是等级制度。在专制政权之下，将人分成“帝、王、公、侯、伯、子、男、民”，皇帝高高在上，人民被压在最低层。这种秩序当然是不合理的。

由于人与自然界一切事物一样，没有绝对相同的两个人，人与人之间存在着差异，存有“圣、贤、才、智、平、庸、愚、劣”的区别。因此，不能硬让圣、贤、才、智之辈与平、庸、愚、劣之徒画等号，形成虚假的平等，不利于聪明的人发挥。这是自然的不平等。

真正的平等是在承认个体差异的前提下，给予每个人政治上的平等地位，随后任其发展。

孙中山认为自由也罢，平等也好，都应该以民权为基础，也就是说自由和平等是小前提，三民主义是大前提，只有实现了三民主义，才能实现民权，最终使人民获得真正的自由和平等。

同盟会时期，我们所接触到的孙中山民权思想，基本上是西方的自由、平等、博爱。但是，中华革命时期，由于孙中山对以往革命进行总结时，得出失败全在于别人不听从他的正确领导，要求党员盲从他，实际上抛弃了民主原则。进而，不伦不类的军阀统治下的所谓“民国”，以及名实不符的议会，让孙中山感到照抄西方行不通，他要建立一个适合中国的真正民主国家。所以，他对当时流行的一些民主、自由观进行了批判，实际上也是对以前的主张进行反思。

3 全民政治

中国要建成什么样的民权国家呢？孙中山的抱负是“政府有能，人民有权”的全民政治的国家。

孙中山以《三国演义》中诸葛亮和阿斗的关系为例。刘备临死，托孤于诸葛亮，告诉他能辅佐则辅佐，阿斗若扶不起，诸葛亮可取而代之。但诸葛亮感念旧主，虽然阿斗十分昏庸仍然尊他为皇帝，并且全心全意地发挥自己的才能，做到“鞠躬尽瘁、死而后已”。阿斗手里握有政权但却无能，诸葛亮是有能无权，这就叫做权、能分离。

人的能力有大有小，据此，孙中山把人划分成先知先觉、后知后觉和不知不觉，先知先觉者是有远见卓识绝顶聪明的发起人；后知后觉是有悟性的能够模仿先知先觉者的人，他们是赞成者；不知不觉是只能行不能知的人，他们是实行家。在他看来人民大部分都是不知不觉者，是阿斗式的人物。先知先觉和后知后觉应该为这一广大民众争取民权，以实现“人民有权”——把政权放在人民之中。

孙中山所谓诸葛亮式的人物，体现的是共和政体下政府的状况。他认为民权的建立，不应该以政府软弱无力为代价。人往往容易走极端。由于民权来得不易，所以人们对政府权力过大具有很强的防范心理，千方百计地限制政府，给国家的发展带来不利的影响。孙中山的目标既要达到政府有能，能够很好地运作，同时又能服从人民的意愿。他把人民比作操作机器的人，而机器则代表政府，这个人可以遂其心愿地指挥机器，机器本身性能越好，功率越大，越能够满足操作机器的人的愿望。这就是权与能完美的结合。

“人民有权”“政府有能”的具体做法是建立直接民权和五权分立的政治体制，通过军政、训政、宪政三时期，造就一个超越欧美各国的完善的民主国家。

关于直接民权，孙中山等人从1916~1919年进行了讨论，五权分立的原则早在同盟会时期就已经提出，建国三时期说也于1906年问世。孙中山晚年为了完整地表述上面的思想，手定《国民政府建国大纲》，提交中国国民党第一次全国代表大会审议。

《建国大纲》规定，军政时期军政高于一切。政府一面用武力扫除国内的障碍，一面向人民宣传主义，开化人心，促进国家的统一。各省在全省范围扫除了旧的统治之时，训政时期到来，军政结束。

训政为过渡时期。第一步，由政府派经过训练合格的人员去各县帮助筹自治。把全县的人口调查清楚、土地测量完毕、警卫办理妥善、全县道路修成。同时，人民经过了直接民权的训练，履行了国民的义务，并誓信革命的主义。第二步人民选举县官，让他负责一县的政事，选举议员来草拟一县的法律，一个完全自治的县建成。在这个县中，国民有直接选举官员的选举权，有直接罢免官员的罢官权，有直接创制法律的创制权，有直接否决法律的复决权。第三步，每县地方自治政府成立以后，选一国民代表，用以组织代表会，参与中央政事。

凡是一个省以内所有的县全部自治的时候，为宪政开始时期。省长由国民代表会选举产生，国民代表会拥有监督本省自治之权。在行政上，省长受中央指挥。

宪政时期，中央政府内设五院：行政院、立法院、司法院、考试院、监察院。宪政初期因为各省完全自治的时间不定，宪法一时没能制定，所以，各院院长归总统任免领导。但是，当全国一半以上省份实现宪政时，开国民大会，制定并颁布宪法。国民大会行使最高权力，对中央级政府官员有选举权和罢免权，对中央法律拥有创制与复决权。当宪法颁布之日，宪政也就同时宣告完成。人民按宪法举行大选。原国民政府在选举后三个月解职，民选政府接替行使权力，这样，建国的任务完成。

孙中山的建国设想，书面上看条理清晰，尤其对宪政时期的描绘十分美好。但是，他对人民的估计是不高的，视人民为“阿斗”，是有权无能之辈。因此，在军政与训政时期，人民只有受教育的权利，而不能当家做主。要由先知先觉和后知后觉为他们争得民权，再交给人民。

但是，事实往往与愿望相背离。孙中山逝世后，国民党借着“训政”之名，实施一党专政，虽曾表示“还政于民”，并把《建国大纲》镌刻在中山陵孙中山灵堂内，以示刻骨铭心，永志不忘。可是，孙中山的建国程序没有被真正实施。是因为理论过于缥渺？是国民党政府过于腐败？还是人民程度太低？是值得深入思考的问题。

国民会议运动

在孙中山即将告别人世之前，他曾号召发起了一场“国民会议运动”，运动波及面极广。并涉及各个阶层。这是孙中山首次在行动上表示护法恢复旧国会不能完全解决中国政治问题，决然抛弃旧国会，以国民会议取代旧国会行使真正的民主权利。

北洋军阀时期，仍然打着中华民国的旗号。但是，他们既无视《临时约法》，更视国会为手中玩物，随意去留。1922年，直系军阀入主北京之后，吴佩孚为了正名，击败其他政治对手，倡议恢复第一届旧国会。国会恢复后，内部争吵不休。1923年6月，曹锟、吴佩孚驱逐了前一年他们迎回的大总统黎元洪，用贿赂的手段让议员选举曹锟为大总统。每张选票5000元，共花费了1356万元。大批议员受贿。消息泄露后，国会名誉扫地，人称受贿议员为“猪仔议员”，议会为“猪仔议会”。

1923年8月1日，中国共产党发表《对于时局之主张》，率先提出由国民党出面号召全国的商会、工会、农会、学生会及其他职工团体，推举多数代表在适当地点，开一国民会议。由国民会议制定宪法，建设新政府，统一中国。也只有它能够否认各方面有假托民意组织政府统治中国之权。

1924年，北方形势发生了变化。9月爆发了第二次直奉战争。战争期间，开赴古北口的冯玉祥军与驻扎在喜峰口的陕军、京畿警备副司令孙岳联合，回师北京发动政变，囚禁曹锟，直系控制的北京政权垮台。

冯玉祥在北京政变后，电邀孙中山北上共商大计。他之所以邀请孙中山，是因为他看过孙中山的《建国大纲》，颇为倾心，开始倾向于国民革命。

但是，冯玉祥的力量不足以左右北京。为谋求与奉系张作霖等力量的均衡，段祺瑞出面于11月24日成立中华民国临时执政府，段任临时总执政。段祺瑞和张作霖较为接近，使冯玉祥处于不利的地位。

孙中山收到电报后，决定接受邀请。他对北京的这次军人政变并没有过高的估计。但是，他想借此机会，扩大国民党在北方的影响，造成全国声势。当时国民党和共产党等进步势力基本上在南方，北方则在军阀的控制之下，北京只有十几个国民党员在活动。孙中山想通过北上，运用自己的影响，宣传他的思想主义，真正实现中央革命的目的。

冯玉祥等军人出面，表示拥护国民革命，对孙中山是个鼓励。他看到，以前的军阀都是在帝国主义支持下，与人民为敌。而他们的失败也在于此。就拿吴佩孚来说，因为秀才出身，颇具韬略，能文能武，一度表现十分进步，用兵无往而不胜。后来，傲骄黩武，力图“武力统一”并且不惜和人民为敌，屠杀京汉铁路工人、镇压罢工，最终失去人心。失败前，他还曾致电北京公使团，想得到外国人的援助，无济于事。

从目前的形势看，武力只有与人民结合，加速国民革命的进程才所向无敌。所以，今后第一步使武力与国民相结合，第二步使武力成为国民的武力。这次北京政变，使武力与国民相结合初现端倪。

武力与国民相结合的表现应该是：时局的发展适应国民的需要，向有利于国民的利益方向发展，扫除从前各派势力瓜分利益和垄断权利的罪恶。另外，让国民能够自己选择需要，让国民能充分表达自己的意愿，扫除从前各派包揽把持，隔绝群众的罪恶。是否尊重民意、顺从民意，是国民革命的新时代和旧时代的分界。

为此，11 月 10 日，孙中山在他的《北上宣言》中，接受中国共产党建议，主张召开国民会议，以求统一与建设。

《宣言》提出召开国民会议前，先开预备会议。预备会议由现代实业团体、商会、教育会、大学、各省学生联合会、工会、农会、共同反对曹吴各军、政党等团体的代表组成。预备会议决定国民会议的基础条件和召集日期、选举方法等。

《宣言》要求：国民会议召开前，所有各省的政治犯完全赦免；并保障各地方的团体及人民有选举的自由，有提出议案及宣传讨论的自由；声称国民党将在这次大会上，把第一次全国代表大会宣言所列举的政纲提交上去，以求得全国人民的了解和支持。

11 月 13 日，孙中山偕宋庆龄离开广州乘船北上，途经香港、上海、日本长崎、神户转至天津后赴北京。

途中肝病发作，仍然抱病发表演说，宣传废除不平等条约和召开国民会议的主张。

与此同时，在中国共产党与国民党的共同努力下，一场轰轰烈烈的国民会议运动在全国展开。1924 年 11 月至 1925 年 1 月，各地相继建立了国民会议促成会。

自从段祺瑞执政府上台后，公然与孙中山的主张唱反调。他们对外发表《外崇国信宣言》，表示尊重不平等条约，对内则以“善后会议”抵制“国民会议”，1925 年 2 月 1 日，召开了由各实力派参加的所谓“善后会议”。

针对“善后会议”，1925 年 3 月 1 日，国民会议促成会全国代表大会在北京召开。到会代表有 80 多人，代表 20 余省区，120 多个地方的国民会议促成会。

这次国民会议运动，没有达到孙中山的“武力与国民相结合”的目的，但是运动的宣传效应却是难以估量的。而孙中山在这场运动中的表现充分体现了“国民党之民权主义，则为一般平民所共有，非少数者所得而私也”的境界。

马克思主义之是非

集孙中山一生，民族主义与民权主义，是他可以着手实践的。而“建设之首要在民生”的民生主义，却由于建设时期的姗姗来迟，使孙中山没有机会实施。无论是防患于未然的“平均地权”，或是解决中国贫穷落后面貌的《实业计划》，基本上都是纸上谈兵。

孙中山晚年，针对国民党准备在第一次全国代表大会上通过的宣言，作了《关于民生主义之说明》。在说明中，他认为国民党中对民生主义存在着两种不正确的认识。一种是新同志，主要是在北京的一班新青年，实际上是指中共党员。他们听说俄国共产主义，以为是一种极新鲜的主义，于是派代表赴俄，以为“共产主义”和“民生主义”是两种不同的主义。同时，党内还存在有一批老同志，也认为“民生”与“共产”是两种绝对不同的主义。但是，新青年在俄国的帮助下，赞成三民主义，所以，变共产党为国民党，认为救国大计非三民主义莫属（这是孙中山的理解，事实并非如此）。旧同志对于他们的加入国民党，忧心忡忡，满腹狐疑。因为误会而怀疑、因为怀疑而生暗潮，现在这种状况，恐怕预兆以后的分裂。所以，孙中山认为有必要澄清马克思主义和三民主义、民生主义与社会主义之间的联系和区别，以便正确处理国共之间的关系。

他先画了一张示意图，供在座各位传阅，认为民生主义将社会主义、集产主义和共产主义全部包括在内，他的图如图 5－1：

随后，他又在《三民主义》演讲中，专门就民生主义问题讲了四讲。其中，第一讲、第二讲是将这张示意图展开论述。他的基本观点如下。

共产主义和民生主义，终极目的是一致的。共产主义最终是为了解决社会问题。在共产主义或是社会主义学说中，只有马克思创立的学说是科学的。马克

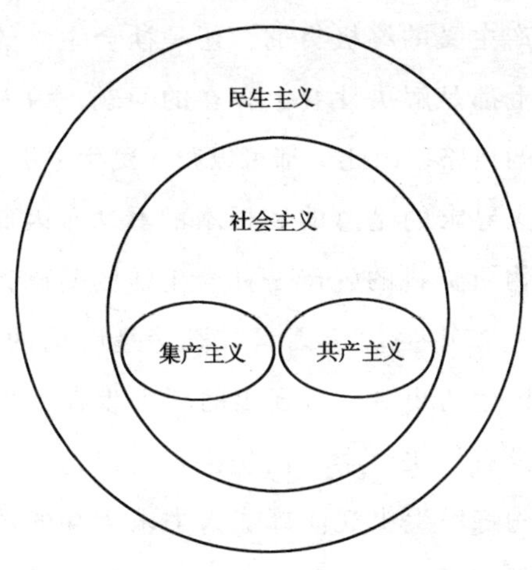

图 5-1

思以前的社会主义全是乌托邦，创造者一般属于道德家。他把马克思比作创立了社会主义学说的“卢梭”。

虽然，孙中山对马克思评价极高，但他对马克思的历史唯物论、阶段斗争学说提出了批评，对剩余价值学说也不甚赞同。

孙中山将历史唯物主义原理归纳为：世界一切历史都集中于物质，物质有变动，世界也随之变动。人类的行为都是由物质的境遇所决定的，故人类文明史，只可说是随物质境遇的变迁史。这种理解应该说是不全面和含糊的。

随后。孙中山提出了社会问题才是历史的重心，社会问题又以生存为重心，民生问题就是生存问题。民生的范围极其广泛，主要为人民的生活。大到社会的生存，国民的生计，小到群众的生命都可以用民生二字来包括。这样，我们就可以理解他的那张图了。

无论是共产主义的终极目的，还是社会主义的奋斗方向，实际上都是解决社会上存在的问题，为人类寻求尽善尽美的出路，因此，都可以归入民生之中。

哲学家寻求的是总的和根本的看法。因此，马克思提出了物质资料的生产是社会生活的基础，其中生产力又是生产中的决定因素。概念是明确的。但是，孙中山的民生历史观。所提出的“求生存”内容广泛而庞杂，没有解决哲学上的提问。所以，孙中山逝世后，戴季陶将民生史观演绎成人类求生存的欲望是历史前进的根本动力，将孙中山的含糊的二元论变成唯心主义的一元论。

马克思根据他生活的时代，指出资本主义社会为自己培养了掘墓人——无产阶级。恩格斯在马克思去世后，提出他与马克思都认为有文字记载的历史是阶级斗争的历史。阶级斗争是社会历史发展的根本动力。孙中山对此一直不以为然。这时，他以欧洲尤其是德国的经济政策为例，指出欧洲经济的进步是通过国家干预，比如将交通运输业收归国有，改变旧税法，取消钱粮和关税，让一般百姓减轻负担等；改征累进所得税和遗产税，从富人手里获取国家所需费用；政府用行政的手段，改良工人的教育和保护工人的卫生，对工厂的工作条件进行改进，力图提高工人的生产积极性。在分配方面，组织消费合作社，避免商人从中盘剥。这些措施，缓和了工人与资本家的矛盾。孙中山从而得出结论，社会的进化是由于社会上大多数的经济利益相调和，不是由于大多数的经济利益相冲突，其目的在于解决人类的生存问题。

在孙中山看来，阶级斗争、阶级战争不是社会进化的原因，而是社会进化过程中的一种病症。当人类不能生存的时候，阶级战争便起来了。马克思一生的研究只是看到了社会进化的毛病，没有看到社会进化的原理，所以，马克思只是个社会病理学家而不是一个社会生理学家。

中国社会的实况是一个字：穷。只有大贫与小贫的区别，没有大富。就是资本家，与国外的相比，也只是个小贫。中国只是患贫而非患不均。因此，孙中山认为，不能用马克思主义的法则来解决中国的问题，阶段斗争和无产阶级专政是不适合中国的。所以，需要新的理论来解决中国问题，这个理论就是民生主义。

6 “耕者有其田”

孙中山先生喜欢说这句名言：以前种种比如昨日死，以后种种比如今日生。他在革命的过程中，始终抱着重新开始的念头不懈地努力。但是，孙中山自提出三民主义理论之后，其理论的核心与框架相对稳定，不曾根本推翻。内容的增减时有发生。

最初，孙中山提出民生主义之时，深受亨利·乔治的影响，平均地权的内容就是如此。随后，他的民生主义增加了节制资本，向欧洲学习，采取发展国家资本的方式，达到促进民族工业与防止私人资本垄断的双重目的。1924 年，国民党第一次全国代表大会上，肯定上述内容外，补充了“耕者有其田”的思想。

《中国国民党第一次代表大会宣言》向全国农民宣告：在以农立国的中国，全国各阶级中，农民所受痛苦更深。国民党主张：农民缺乏土地而沦为佃户者，国家当给以土地，为农民整顿水利，移植荒徼；为农民设立诸如农业银行之类，使农民摆脱高利贷的盘剥，保证农民走向共同富裕的道路。

在《三民主义》演讲中，孙中山认为实行平均地权，制定法律措施保障农民的利益是目前必须开始实施的。但是，农民问题的根本解决却是“耕者有其田”。现在农民中的九成没有土地，只有替地主种地，将收获的绝大部分交给地主，长此以往，不但不公平，也将严重地影响农民的生产积极性。这是孙中山对民生主义的又一重大的补充。

“节制资本”与“平均地权”从根本上说是为了发展资本主义，同时避免资本主义发展过程中出现的矛盾。“平均地权”对农村的地主没有构成直接的威胁，同样也没能解决农民对土地的要求，所解决的只是将来由于资本发展，城市、交通要道等地方的工商业用地。只有“耕者有其田”才充分体现了农民的迫切要求，具有反对封建土地制度的积极意义。

孙中山这一思想的提出，是与形势的发展密切相关的。

苏俄革命的成功，给孙中山的启发之一是他看到了工人农民对苏维埃政权的支持。农民支持苏维埃是因为这个政权给予人民土地，人民为了保卫自己的利益，拿起枪站在政府这边。

在国内，农民协会这个组织慢慢活跃起来。1922年，彭湃在广东海丰一带发动农民，组织农会。农民协会为了区别于过去就存在的民团，规定基本以佃农、雇农、半自耕农和自耕农为主，防止绅士入会。农会为了维护农民的利益主要在防止田主收回土地、减租以及歉收情况下租税减少等方面进行斗争，并对农会会员进行宣传，办理各级农民学校、夜校、图书报社、演说团，调节会员内部纷争，竭力排除农民的不良恶习，移风易俗等。1923年1月，海丰总农会成立。后紫金、五华、惠阳、陆丰等县农民纷纷加入农民协会，于是，改总农会为惠州农民联合会。彭湃等人的活动，触动了地主的神经。1923年7月，在陈炯明的支持下，农民协会被迫解散，彭湃也只有暂时离开海丰。

可是，海陆丰的农民斗争，已得到了全省其他地方农民的呼应，在此基础上，早期的共产主义者积极扶持，成立了省农民协会，并在有条件的地方建立了农民的武装——农团。

在工农运动的感召之下，国民党一大《宣言》明确表示国民革命的运动，必须依仗全国农夫、工人的参加，然后可以决胜。因为工人、农民所处的地位和感受的痛苦相同，要求解放的愿望更加迫切，其反抗之意也至为强烈。国民党一方面对农夫、工人的运动全力支持，帮助他们开展运动，达到增加国民革命运动的实力的目的，另一方面吸引工人、农民加入国民党。国民党的奋斗是为工人、农民而奋斗，也是农夫和工人为自身而奋斗。国民党改组，就是要用农民作为国民党的基础。这不但充分体现了“扶助农工”的思想，更含有依靠农、工的深意。

“耕者有其田”虽然是最公平的办法，但孙中山很明确地表示，在目前形势下，不可贸然实行“耕者有其田”，他的道理很简单，这样会引起地主的反抗。而孙中山不仅是期望一般贫苦农民的支持，也等待地主绅士的支持，用他自己的话说是“让农民可以得利益，地主不受损失……我们要能够这样和平解决，根本上还是要全体的农民来同政府合作”。

所以，孙中山在农民问题上认识虽然有所进步，但根本上仍然坚持改良的“平均地权”。这一切都是与他反对阶段斗争理论、调和各阶段的矛盾的主张分不开的。

7 反帝救民生

孙中山强调民生主义和资本主义是根本不同的，资本主义的目的在于赚钱，民生主义的目的在于养民。所以，从1924年1月的《国民政府建国大纲》到1924年8月的“民生主义”四讲，始终贯彻着这样的精神：

“建设之首要在民生，故对于全国人民之食、衣、住、行四大需要，政府当与人民协力，共谋农业之发展，以足民食；共谋织造之发展，以裕民衣；建筑大计划之各式屋舍，以乐民居；修治道路、运河，以利民行。”

为了达到发展民生的目的，必须克服障碍。中国广大的农民没有饭吃、没有衣穿，除了本国工、农业落后外，还在于受外国经济的压迫。

每年外国从中国掠夺大量的利益，除了以金银的方式运往国外，还有一部分用粮食去抵押。孙中山从国外的报告得知，每年中国运往美国的鸡蛋就达十万万个。当时，在南京下关一带，外国人办了制肉厂，将中国的鸡、鸭、猪、鹅进行加工，运往国外。就是在大旱之年，京汉、京奉铁路沿线中国人饿死不少。但是，在牛庄、大连等港口还有很多的麦、豆运往国外。这鲜明的对比，充分说明帝国主义的侵略，加剧了中国的农业落后，广大的农民挣扎在死亡线上。

同样，穿衣问题也与外国的侵略有关。就民族工业来说，纺织工业起步是最早的，而旧有的土布、传统的丝织是源远流长，尤其是江南丝织业，曾经称霸一时。但是，在洋布与其他外国纺织品的冲击下，中国的纺织业尽管也引进了外国机器和技术，但却仍然步履维艰，原因在什么地方呢？让我们深入其中去探究一下。

首先是中国的工业落后，没有用科学的方法改良工艺，在质量品种上无法与外国匹敌，价廉物美的洋货从根本上战胜了本国的产品，虽然，用抵制日货、美货的方法能一时缓解国货销路，但孙中山认为这是有悖经济原则的。人们会因为一时的激情，为爱国心驱使，愿意牺牲自己的利益，但却非长久之计。

要改变中国的劣势，仅仅依靠经济手段是不行的，民族工业的崛起，需要强大的政治力量为后盾，比如英国曾经在世界工业上独占鳌头，美国以农业为主，颇受英国的压迫，为此，美国对本国工业采取保护政策，凡英国运往美国的货物，抽50%～100%的重税，这样，国货当然要比洋货便宜，英国货物难以与之相争，结果，美国自己的工业能够在政府的保护下发展。保护关税是任何一个主权国家掌握的武器，美国、德国、日本等等都以此为手段，限制国外货物的进口保护本国工业，它是一种国际通用的经济政策。

可是，中国却没有这种用以保护民族工业的政治力量。自清政府与外国帝国主义签订了大量的不平等条约之后，中国成为一个“次殖民地”的国家，为了赔偿外国侵华时的损失，往往以厘金、税收做为抵押，海关也为外国人控制。中国不但在军事上不设防，经济上同样门户洞开。更为荒谬的是，由于厘金与海关权的出卖，税收政策和海关成为保护外国工商业，打击我国工业的力量。比如外国洋纱进口，海关抽5%的关税，再交纳2.5%的子口税，就可以在中国各地流通。而同样的东西。中国纱厂出品的同样要交5%的关税，除此而外，过一个地方就必须交一次厘金，销行越远交钱越多，严重地阻碍了国货的流通。苛以重金的政策，最终使国货难以与洋货竞争。

因此，中国工业的落后、政治主权的丧失，是中国人民吃不饱、穿不暖的根本原因，解决的办法是废除不平等条约，收回海关。

孙中山晚年的民生主义思想，力求实事求是地反应中国现状，解决中国人民生活的问题，给我们以深刻的启示。

孙中山力求立足于中国，从中国实情出发，而不是盲从一种新的理论和见解，表现出一个成熟的政治家的风范。

他将解放农民与工人和国民革命相联系，提出了“耕者有其田”的口号，表示要维护工人阶级的利益，体现了他的理论日趋平民化，带有浓厚的反封建色彩，比之于“平均地权”更为彻底，更符合中国国情。

他又把解决民生问题和反对帝国主义相结合，在一定程度上看到帝国主义的侵略是造成中国贫穷落后的根源，和以前的民生主义相比较，是为他思想上的又一突破。

这些就是“联俄、联共、扶助农工”政策的依据。而联俄、联共、扶助农工的三大政策，是孙中山晚年对三民主义的一次重大发展。因此，往后中国共产党把孙中山的联俄、联共、扶助农工的三大政策解释为三民主义的新发展，解释为新三民主义。

六　孙中山逝世后的三民主义

1　国民党树三民主义为正统

无论谁，都不能逃脱死亡的归宿。1924 年 1 月，正当国民党一大召开之际，传来了列宁去世的消息，年近 60 的孙中山既为列宁的逝世而惋惜，又不免触景生情，考虑起自己的身后事来。

对于列宁的死，孙中山认为，列宁把思想、精神、一生的功夫全部结晶在党内，所以，虽然他的身体不在了，他的精神却仍然存在。因此，应该像列宁那样，巩固党的基础，建立一个有组织有力量的党。

孙中山表示，改一人负责制为委员制，是希望把个人负担的重大责任，分给众人，大家起来奋斗，使国民党不会因为孙中山个人而有所兴废，就像列宁之于俄国共产党一样。

这年年底，由于身体不适，使他意识到自己将不久于人世。1924 年 11 月 13 日，孙中山偕夫人宋庆龄启程北上途经黄埔，蒋介石亲自登舰迎接孙中山。下船后，蒋陪同孙中山巡视军校，并观看了军校学生进行的战术实习。看完以后，孙中山感到很欣慰，对军校及学生大加鼓励和称赞。但是，随后他沉默许久，神色颇为暗淡地说："我这次到北京去，明知道是很危险的，然而我为的去革命，是为救国救民去奋斗，有何危险之可言呢？况今，我年已五十九岁了，亦已经到死的时候了。"

蒋介石听后，感到十分震惊，话出自一个如此坚强而又乐观的人之口，确实叫人心惊。他忙问："先生今日何突作此语？"

孙中山回答说："我是有所感而言的，我看见你这个黄埔军校精神，一定能继续我的革命事业，现在我死了，就可以安心瞑目了！"他还表示"这次北上，不论成败，决不回来，革命大任，交黄埔军校同志负责"。

果然到天津，孙中山肝病突发，一病不起。抱病前往北京，住进协和医院。孙中山病重期间，由吴稚晖草拟了一份孙中山的遗言，经过汪精卫等人的修改，最后由汪精卫抄录。孙中山本人并没有亲自起草遗嘱，也没有表示要立遗嘱。汪精卫出面与孙中山谈，希望孙中山趁精神状况较好时，留下些许教诲，即十年、二十年后，仍可受用。

孙中山一时感慨良多，不知从何说起，反问他想让自己说些什么？汪精卫说："我等今已预备一稿，读于先生一一请听，先生如真赞成，即请签字，当作先生之言，如不赞成，亦请别赐数语，我可代为笔记。"

孙中山允诺，等汪精卫读完后，他点头说："可。

好呀！我甚赞成。”

3 月 11 日，孙中山忽然睁开眼睛对周围的同志、家属说：“现在要分别你们了，拿前几日所预备的那两张字来呀！今日到了签名的时候了。”（两纸包括给家属的遗言）于是，宋庆龄托住孙中山的手腕，让他在两份遗嘱上签了字。

孙中山关于国事的遗嘱，全文如下：

“余致力国民革命凡四十年，其目的在求中国之自由平等，积四十年之经验，深知欲达到此目的，必须唤起民众及联合世界上以平等待我之民族，共同奋斗。”

“现在革命尚末成功，凡我同志，务须依照余所著《建国方略》、《建国大纲》、《三民主义》及《第一次全国代表大会宣言》，继续努力，以求贯彻，最近主张开国民会议及废除不平等条约，尤须于最短期间促其实现，是所至嘱！”

孙中山去世后，国民党召开了一届三中全会。会上，戴季陶把自己写好的《接受总理的遗嘱宣言》拿了出来让大家讨论。这份宣言首次提出孙中山运用他的智仁勇之大德，贯以至诚，领导中国革命运动；要求全体党员放弃个人的自由及权利为国奋斗；建议从今以后，不再设总理一职，“先总理”成为孙中山的专称；尤其强调“吾党同志惟有全体一致奉行总理之遗教，不得有所特创。盖中华民国之独立与自由，惟有完全继承中华民国创造者本党孙先生之意旨，为能实现耳”。

在大家还沉浸在对中山先生的深切怀念之中时，戴季陶的《接受总理遗嘱宣言》被通过了。

会议还通过了《关于接受遗嘱之训令》，决定：①以后国民党一切政治主张，不得与孙中山所著建国方略、建国大纲、三民主义、第一次全国代表大会之宣言政纲及北伐宣言和北上宣言的主旨相违背；②国民党各级党部、党团的一切会议，开会时必须先由会议主席恭诵孙中山遗嘱，参加会议的全体人员则起立肃听。

这样，孙中山思想的正统地位被正式确立。

反对国共合作的戴季陶主义

戴季陶在一届三中全会上达到了目的，但意犹未尽。同年6月他又推出《孙文主义之哲学基础》和《国民革命与中国国民党》两本小册子，加上5月份在广州做的《民生哲学系统表说明》，充分地表达了他的思想。

《孙文主义之哲学基础》和《民生哲学系统表说明》的中心论点是：①孙中山先生的基本思想，完全渊源于中国正统思想的中庸之道。民族主义的基础，就是在孝慈的道德；民权主义的基础就是在信义的道德；民生主义的基础，就是在仁爱和平的道德。三民主义的目的在于恢复民族的自信力，而民族自信力来自于中国固有的文化，所以孙中山实在是孔子以后中国道德文化上继往开来的大圣。②孙中山的三民主义原理完全包含在民生主义之中，他的全部著作，可总称为民生哲学；③强调民生主义与共产主义目的相同，而哲学基础和实行的方法完全不同。

在《国民革命与中国国民党》一文中，戴季陶把进化论中的生存竞争的欲望看成是推动人类社会前进的根本动力，一切均受其左右。意欲同时也是主义产生的根源，它创造了文化、民族、国家。他最终要说明国共两党是根本不可能长期合作的。意欲不同，主义各异，不同的意欲难以建立一个统一的团体。因为欲望有排他性独占性一面和统一性支配性的一面。独占性是统一性的基础，排他性是支配性的基础，所以，主义与主义不同，组织与组织间不可能联合。他的名言是："共信不立、互相不生，互相不生、团结不固，团结不固、不能生存。"显然，他是反对国共合作的。

戴季陶的书一出，宛若一石击起千层浪，关于三民主义的理论的争议由此开始。中国共产党当然不会沉默，国民党中的有识之士也认为戴季陶做得太过分了，尤其是他的三民主义哲学基础的论述使人感到离奇。

戴季陶辩解说，他得到过孙中山先生同意，他说在孙中山卧床不起的时候，他曾守候在孙的床前，并且向孙中山阐述了自己的认识，认为三民主义实渊源于古代正统思想，并表示自己将把想法写出来公之于众，孙中山表扬他的认识正确，准许他尽情倾吐。

戴季陶明白，病榻之前的谈话是不足为凭的，于是，他从孙中山生前的谈话和文章中寻找根据。他在孙中山的一次演说中找到了他需要的东西，1921 年 12 月，孙中山在桂林对滇、赣、粤军军人发表演说。孙中山告诫他们，革命军人不同于一般军人，革命军人必须具备有智、仁、勇三要素。他鼓励军人要合多数人的决心奋斗，以成功或成仁。能够成功革命事业固然好，不能成功也不失为杀身成仁之士。

孙中山的演说，借用了中国古代的旧有道德，以求树立新形势下军人的风范，使军人有别于没有头脑的旧军阀的工具。他以救国救民为出发点，以实现三民主义为目标，鼓励人们去英勇奋斗，实际上是用旧瓶装新酒，并非以旧道德作为基石。

戴季陶还以孙中山《三民主义》演讲中《民族主义》的第五、六讲作为依据。在第五讲中，孙中山为纠正中国“一盘散沙”的弊病，希望通过中国强烈的宗族观念、家乡观念，由家族到宗族再到国族，造就一个强固的中华民族。在第六讲中，他补充说，除了民族的自身团结，民族的复兴还有赖于旧道德的恢复，即忠、孝、仁、爱、信、义、和、平。当然，忠不再是忠君，而是忠于国家和人民，相应其他的一些内容也作了更改。

曾经有一次，孙中山与一个日本人谈话，该日本人不知出于什么动机，他问孙中山三民主义是不是确实有承袭列宁学说的事实。孙中山显然感到不快，说：我的三民主义首先渊源于孟子，更基于程伊川之说。只有民族主义，借鉴于近代世界形势而提倡，至于共产主义，不过中国古代所留下的小小理想而已。或许正是这段话，使戴季陶萌发了孙中山的哲学基础的构想。

随着对帝国主义侵华政策的不断认识，孙中山对西方的好感少了，而对东方文化大加赞赏。尤其是1924年11月，他在神户作演说，把东方的文化称为"王道"文化，西方的文化为"霸道"文化，断言东方文化最终将战胜西方霸道文化。戴季陶认为这也是论据之一。

客观地说，孙中山作为一个彻底的爱国者，注目于自己民族文化是可以理解的，特别是晚年，他有意识地接近中国的实际，向传统文化靠拢，颇有些由西学入中学的味道。但是当我们真正地了解了孙中山之后，是不会把孙中山视为仅仅是继承孔孟之学的人的。

就是戴季陶本人，在1914年写的《论中国革命》一文中，总结辛亥革命的思想依据时，认为除了我国固有的革命思想和长期形成的攘夷思想的影响外，主要是近世欧洲思想的输入，即民权自由思想。三民主义大倡，增强了人们改革政治的思想，鼓吹革命的人每每用法国革命指导国民。可见，戴季陶这时也承认三民主义主要受到的是西方民主主义、法国大革命等的影响。

戴季陶如此不客观地对待孙中山和他的思想，是有其用心的。孙中山作为国民党的象征，他的逝世危及到党的权威，没有人能够替代孙中山！为了与中共抗衡，更为了消灭这个日见强大的潜在威胁，戴季陶抓住两点：切合中国实际的理论是三民主义而非马克思主义；能够领导中国国民革命走向胜利的是中国国民党而非中国共产党。这就是戴季陶主义的用心。

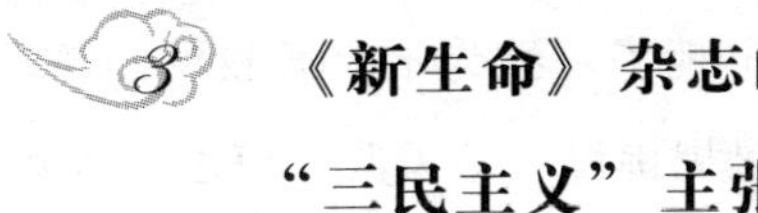

3 《新生命》杂志的“三民主义”主张

1928年，南京国民政府成立。它是蒋介石在北伐胜利之际，发动四一二政变，镇压中国共产党后建立的新军阀政权。

该政府成立之后，为了标榜自己是正统的三民主义的执行者，仅仅把三民主义儒家化是不够的，国民党元老胡汉民认为戴季陶所作的孙文主义之哲学的基础是劳而无功。他要建立一个体现孙中山旨意的政治体制。

1928年6月，远在法国巴黎的胡汉民致电谭延恺，向国民党二届五中全会提交了《训政大纲草案》，随后又从柏林寄回《训政大纲提案说明书》，提出了“以党治国”的方案。

“以党治国”就是国民党代表人民行使政权。治权交给政府，但政府要对党负责，受党的监督。也就是国民党中央执行委员会领导国民政府。其中国民党中央执委会政治会议立于中介地位，实现领导。

胡汉民的方案基本得到了承认。南京政府进入了所谓的“训政时期”，国民党一党专政的体制被确定下来。

二届五中全会声称根据孙中山的设想，决定国民政府由立法、司法、行政、考试、监察五院组成，表示逐渐着手设立五院。

在蒋介石、胡汉民等人忙于政治体制和行政体制的建立时，还出现了一批为南京政权的经济政策出谋划策者，他们是周佛海、萨孟武、梅思平、陈布雷等。他们在上海创办了《新生命》杂志，并设立了新生命书局，专门出版同类书籍，形成了一个为蒋政权服务的理论基地。

周佛海的名字，能够在中国共产党第一次全国代表大会参加者中找到。但是，1924 年他脱党后又加入了中国国民党，后来又成为中国人熟知的大汉奸之一，死于狱中。1927 年，他被蒋介石任命为武汉中央军事政治学校秘书长兼政治部主任。当时，中国共产党党员恽代英是政治总教官，政治教官中中共党员也不少。他们教学的内容之一就是讲解三民主义。对此，周佛海忧心忡忡，认为共产党员讲解难免曲解并进行恶意的批评。所以，他坚持当教官，专门讲授三民主义。后来在讲授大纲的基础上出版了《三民主义之理论的体系》的专著。这本书流传较广，据他自己说不到半年就卖出了 5 万多本，影响不小。

另外一位干将萨孟武，颇有些政客加学者的风度，毕业于日本京都帝国大学，专攻法学，1927 年任陆军军官学校教官兼编辑部主任。他的代表作《三民主义之科学的研究》和《三民主义政治学》，由新生命书局出版发行。

陈布雷在《新生命》月刊的发刊词中表示，创办刊物的目的在于发扬三民主义，研究建设计划，着眼于目前，研究建国问题。

他们同意戴季陶的观点，以为三民主义的本体便是民生主义，民生是三民主义的根本的出发点和归宿。不同的是，他们修正了“欲望”是推动历史前进的动力，改为“生存技术”、“经济技术”是决定因素的论断。萨孟武等人在形式上动用马克思主义的唯物史观来充实“民生史观”，将物质与生产提高到一个比较高的高度，以适应建设的需要。

他们把中国革命分成两个阶段，前一段是政治革命，后一段是社会革命，目前进入了社会革命阶段。社会的变革从根本上说是由“技术”决定的，“技术”的发展状况从根本上规定了社会的属性，有怎样的技术就有怎样的社会。“技术”渐进决定了社会发展的渐进。因此，现在的问题不是共产而是“造产”，“造产”的最佳途径是国家的工业化。

他们认为：在目前，中国工业化以发展私人资本，保护私人资本为上策。在农村，不应采用激烈的手段改变现有的土地所有制，而是逐步改革，做到土地私有权的民众化，因为他们认为中国自耕农占绝大多数，土地并不集中。如果贸然采用“耕者有其田”，受冲击的恰恰是自耕农。所以，国家采用“限田”的手段，促使佃农成为自耕农，同时，农村也不至于动荡。

上述经济政策，规定了南京政权的工农政策。他们认为，在反帝的口号下，在国家利益至上的幌子下，在遵守社会发展规律的要求下，一切不利于再生产进行的制度，虽然对劳动者阶级有很大的利益，也不能彻底地实行。

这些“理论家”的宣传，实质上体现了南京政权的现行经济政策：对私有制的肯定，对现有农村土地制度的继承，对工农运动的压制。

4 反共又反对南京政权的改组运动

四一二反革命政变后，又有了七一五反革命政变，白色恐怖笼罩了全国。国民党在反共的旗帜下，实现了暂时的团结。可是，当中共不足以成为对手时，国民党内部的矛盾日趋尖锐。这时出现了国民党的改组派。

改组派的成员很杂，主要有两部分人组成。一部分人自以为能与蒋介石抗争，不满于目前的权力，他们占据上层位置，操纵运动，以汪精卫、陈公博为代表。另一部分人或者是从中国共产党中脱离出来的，或是原来的国民党党员，他们怨恨蒋政权的独裁专制，也不满中国共产党，比如施存统、王乐平就是这样。

1927 年 7 月，汪精卫发表了《夹攻中之奋斗》一文，表示“我们不共产化，更不腐化”，摆出了伸出左手打倒中国共产党，伸出右手打倒南京政权的架势，宣称要奉行孙中山遗留下来的整个的三民主义。

打倒共产党的理由是所谓马克思列宁主义不适合中国国情。对中国社会的阶级矛盾，他们中一些人认为存在，一些人根本否认它的存在。但是他们一致认为无论怎样阶级斗争不可以存在，阶级矛盾只可调和不可激化。因为阶级斗争不是中国的主旋律，中国革命的性质是全民性的国民革命。

他们趁中共犯“左倾”盲动错误之机，对中国共产党大加污蔑，尤其反对中共在农村实行的农民暴动。其中还有人煞有介事地说什么中国经济基础是建筑在农村之上的，一旦现有基础被破坏，而新的基础又没有建立，社会必然招致极大的骚动和损失，这个损失是全社会的，而不仅是地主的。他们不懂得不破就不立的道理，他们没有认识到封建统治基础不但是社会主义革命的对象，首先还是资本主义制度要摆脱的桎梏，也应该是国民革命的对象。他们的宣传实质上是为封建土地制度撑开了一把保护伞。

在反共的同时，他们把反对帝国主义和反对第三国际作为孙中山的“完整”的民族主义概念。他们指责苏俄操纵了第三国际，并利用中国共产党夺取政权，破坏了中国的国民革命。

他们主张打倒蒋介石的南京政府，是因为他们看到南京政权执行了一条专制主义的路线；违背了孙中山的遗愿。

他们指责南京政权不敢召开国民会议。而未经国民会议强行实施“训政”，只是把国民党一党的政纲政策强加给国民，所以是不合法的。

为了安抚广大的基层改组派成员对大革命的怀念之情，他们喊出了“恢复十三年改组精神”的口号，这是指 1924 年国民党第一次全国代表大会对原国民党的改组，要求再度改组国民党，指出北伐以后，国民党中出现了“左倾”、“右倾”、“腐倾”、“恶倾”。国民党员不是消极，便是推卸责任排挤他人，或是在军阀之上玩弄军事均势，再不就是割据一方成为新的军阀，所以是改组国民党的时候了。

他们认为改组国民党首先是要恢复党的民众基础。他们以代表农工商小市民自居，谴责国民党中的右派放弃民众，把民众运动归之于共产主义运动。为了国民革命，必须以工农为基础。他们大量摘抄大革命时期的文句，以壮声势胆量。

要“恢复十三年改组精神”，就要恢复“党的专政”，做到党外无党、党内无派，实现党指挥枪，以党治军，中央实行集权，反对各地分权。训政时期，党部为唯一的监督行政机关的部门。实现国民党的一党专政。

改组派的上述观点，尤其是对南京政权的揭露吸引了许多人，使改组派一度十分有市场，全国十多个省建有支部，各大城市都有会员，并在国外一些地方建有组织，所办刊物达70多种，形成了一股不小的反蒋势力。

改组派的上层，积极寻求各地实力派的支持。1930年爆发中原大战时，阎锡山等军阀为了壮大自己的声势，也愿意借用一下汪精卫这个国民党元老的声望，于是军阀和地方实力派这些被改组派称为“恶倾”或“腐倾”的势力，成了同志。他们联手召开了国民党中央扩大会议，制定了所谓的《约法草案》。1930

年9月9日，他们在北平成立国民政府，阎锡山出任国民政府主席，汪精卫、谢持等任国民政府委员。事实证明，南京、北平并无原则差别。

蒋介石针对改组派采取了两手：一是镇压。1929年3月，派人暗杀了改组派的领导人之一王乐平，给胆子不大，但蠢蠢欲动的一批动摇分子一点颜色看看。另外，中原大战汪阎败北，汪精卫的实力被击溃，无力还手。这时，蒋介石又采取了收买的政策，你汪精卫不就是想当官吗？经过多次讨价还价，1932年1月汪精卫出任南京政府行政院院长。蒋汪合作实现，改组派烟消云散，口诛笔伐，兵戎相见的对手，又成了党内兄弟。

5 胡汉民主张以民族为本位的三民主义

蒋汪之争帷幕未落，蒋介石与胡汉民之间又出现龃龉。讲到胡汉民，读者是不会陌生的。《民报》时期，他作为一员理论干将，立下了汗马功劳，《建设》杂志时期，他和其他一些国民党员津津有味地大讲了一通马克思主义。随后，在孙中山去世后，他又为南京政权出谋划策，制定了《训政大纲》。他的资历和理论修养，使他在国民党中颇有号召力。只是他的性格过于刻板，极不随和，居功自傲让人敬而远之。因此，他晚年的政治生涯是比较暗淡的。

1928年，三民主义成为热门话题。胡汉民也不甘寂寞，发表了《三民主义的连环性》一书，集中阐述了他对三民主义的理解。

胡汉民认为当今世界的主要攻击目标为三个：一是军国主义，二是寡头政治，三是资本主义，总的可以称为帝国主义。这三者互相关联，三位一体，个人主义为三种反革命势力的基点。

唯一的解药是三民主义。军国主义的对头是民族主义；寡头政治的克星是民权主义；资本主义将被民生主义替代。和帝国主义的立足点是个人不同的是，三民主义的立足点是民族，并以民族福利为出发点，重新创造革命的文化。

在此，胡汉民提出了与戴季陶等人的以民生为基点的不同观点，他理解的三民主义是以民族为本位的。因为民族的生存为当务之急，三民主义是以求生存为目的。求生存的内容随着时代的变迁而不同，如今为帝国主义时代，个人的生存不成问题，而民族的生存问题却很尖锐，所以三民主义的基点是求以民族为单位的生存。另外，民权主义与民生主义的前提都是为了民族。只有全民族的人都有权，才叫民权主义的实现，政权才不会落入少数人之手，全民政治才能实现。民生主义是为了让整个民族走上共同富裕的道路，如此才不会有贫富分化生出阶级斗争。因此，三民主义之环靠民族之链联系起来。最后，他还憧憬，当全世界人民沿着三民主义的道路，实现了民族、民权、民生主义，大家都以强盛的和王道的民族的面目出现，世界主义也就实现了。

书呆子气十足的胡汉民，对远景的描绘可以大胆，可以借助于逻辑的推导而自圆其说。但长期的政治实践，又迫使他面对现实。因此，在南京政权进入建国时期后，他积极参与，想通过建国三程序，逐渐将中国纳入三民主义的社会。

他的按部就班的方式，把建国当成一种事业去干的劲头，与蒋介石视政治为权术的境界是不可能合拍的，尤其是胡汉民的威望与个性，直接对蒋介石的权力构成了威胁，这些就注定了蒋、胡合作不可能持久。

蒋、胡之间的直接冲突表现在要不要立《约法》上。蒋介石认为应该制定《约法》，胡汉民则说根据孙中山生前的设想，训政时期没有约法，孙中山的所有遗教就是宪法。在他们不休的争论中，胡汉民始终占上风。中原大战结束后，蒋介石迫不及待地给南京发电报，表示要提前召开第四次全国代表大会，制定约法。胡汉民在蒋回来之前，抢先在报上发表文章，指出再谈约法，是置先总理遗教不顾而另寻别径，从而把矛盾公开化。蒋介石并不正面与胡发生冲突，而是在1931年2月28日，以“宴请议事”为名，骗胡汉民前往，把胡软禁在南京近郊的小汤山，迫使胡汉民辞去国民政府委员、立法院院长的职务。

这一变故，将胡汉民逐出了南京政府的权力机关，同时也改变了胡汉民的政治态度。此后，他把主要精力放在反对南京政府上。

胡汉民认为南京政权的“一党专制”与“党义治

国”是根本不同的。自北伐以后，中国社会并没有出现三民主义统治下的新局面，就南京政权的所作所为，说明它只是一个军阀政权。北伐战争的结果只是以暴易暴。

他归结党员缺乏对主义真诚的信仰，党组织不健全是出现军阀政权的原因。军阀政权出现的直接原因是中共采取分化国民党的手段，使国民党分化，从而给党内的实力派以可乘之机。新的独裁者玩弄手段，巩固了自己的地位。蒋介石就是通过“中山舰事件”，逐渐控制了军权，慢慢地发展自己的势力的。胡汉民对南京政权的认识是正确的，但对原因的探讨却是不得要领的。

胡汉民在揭露南京政权性质的同时，对南京政权卵翼下喧闹一时的法西斯主义进行了猛烈的抨击。1930 年代初，法西斯主义作为一种新思潮在世界横行、并在德国、意大利和日本占了统治地位。当时的人们对它还缺乏警惕。它的民族至上、国家至上甚至得到了一部分人的青睐。蒋介石对法西斯主义抱有好感，被他手下人察觉后，立刻出现了一股宣传法西斯主义的狂潮。

这股宣传狂潮鼓吹“三民主义为体，法西斯主义为用”。“用法西斯主义手段来推行三民主义”，要用法西斯的方式来训政，叫嚣“一个主义、一个政党、一个领袖”。对此，胡汉民极为愤怒，指出“法西斯主义的出现是三民主义理论的又一劫难”。他说三民主义代表着时代的方向，法西斯运动却是现代政治上最反动的运动。政治上法西斯是反自由主义和反民主主义的运动；经济上是一场反社会主义的民生主义的运动，维护的是垄断寡头；社会上，无视群众，只有贤明个人的存在。贤明个人的意志，就是国家、社会的意志；在文化上，是反进化主义而主张复古和排他的运动。他一针见血地指出法西斯只是挽救资本主义的没落，利用小资产阶级的绝望情绪和夸大的历史传统来镇压革命的一种反动的资本主义的最后组织，因此，三民主义与法西斯主义是根本不同的。

他还认为法西斯在中国根本没有立足之地，中国资本主义还没有发展到需要法西斯来挽救的地步。因为西方出现法西斯，完全是现行的资本主义走向崩溃，议会制度无能的副产品，中国还不是一个资本主义的社会，可谓皮之不存、毛将焉附？

胡汉民敏锐地认识到，南京政权宣扬法西斯主义，其目的就在于维护寡头政治，以法西斯主义来偷换三民主义。但他们从法西斯那里学到的是最低下的手段：残忍的对敌、残酷的虐杀、流氓式的侦探和暗杀。

胡汉民晚年，以三民主义理论家的面目出现。他在维护三民主义的民主性、进步性上作出了很大的贡献。在批判南京军阀政权上不遗余力，有很多深刻而独到的见解。总体来看，他是真诚拥护民主主义原则的。

当日本侵华企图越来越明显时，他曾有心抛弃前嫌，准备与南京再度携手，只可惜天不假年，1936 年 5 月 12 日去世。

6 汪精卫叛卖主义

孙中山去世后，他的思想被许多人运用或利用，但他万万不会想到，他最后一次去日本时做的演讲，会成为汉奸卖国的依据，而且这个大汉奸居然是他曾经十分信赖的汪精卫。

汪精卫投敌后，向日本人提出了一个连侵略者都未曾想到的“以华治华”的方案。他说伪中央政权必须坚持国民政府的形式，坚持以党治国，必须坚持三民主义的正统地位。只有这样才能避免中国国民抱着受日本压迫而亡国的念头，使他能够对国民有所交代，并便于从重庆方面争取更多的“同志”。还有一点最重要的、他未便说出口的是只有在上述旗帜之下，才能保证他在汉奸中的最高地位，领导其他汉奸政权。在他投敌时，北平有伪中华民国临时政府，南京有伪中华民国维新政府。汪精卫对他们是很看不起的。当时日本对华工作的一份报告曾说：“形成为国民党核心的汪派诸人，拘泥于‘以党治国’的意识，对于临时政府、维新政府关系人士，看做是同席开会都要避免的‘汉奸’。”他当然认为他自己应该坐第一把交椅。

汪精卫的提法让日本人迷惑了起来。为了消除他们的疑虑，1939 年 5 月底汪精卫亲自前往日本，游说五相，力图让他们相信“三民主义”非但不与日本的侵华政策相冲突，而且有助于日本对华以及对亚洲的侵略，有利于东亚联盟的建立。汪精卫对五相说：“我们根据孙文的精神，一定可以和日本合作。”“我打算今后尽最大努力发挥三民主义的真义。”“第一步就是决心活用国民党的主义和精神。”日本五相决定：“关于国民党以及三民主义，在其放弃容共抗日，改以亲日满防共为方针时，当与其他以亲日防共为主义者一样，允许其存在。”

两下合拍，汪精卫就开始动用他的如簧之舌杜撰开了：

日本和中国都是黄皮肤的东亚人，共同的敌人是白种人，白种人在消灭或征服了红种、棕种、黑种人之后，祸水东流将矛头指向了东方的黄种。黄种人中，日本是东亚先进国，没有日本便无东亚；中国虽然落后但是他的国家地位和民族性，决定无中国也没有东亚。从中山先生的遗教来看，大亚洲主义是不可磨灭的真理。它的核心就在于中日合作，共存共荣。

但是，中日双方却“阴差阳错”地打了起来。日本打中国是因为日本的军人气焰过于高涨，并不是政府的意图，中国是受了共产党挑拨，于是双方“糊里糊涂的”就打了起来。中日双方一场侵略与反侵略的恶战，被他貌似公正地各打五十大板后变得是非不清，掩盖了日本侵略者的面目。

汪精卫自欺欺人地说，现在，日本人已经有所觉悟，发表了《第二次近卫声明》，表示中日“满”间，以建设东亚新秩序为共同目的而结合，实现善邻友好、共同防共、经济提携，还表示不仅尊重中国主权还可以考虑交还租界，废除治外法权。其实这是日本由军事进攻变为政治进攻，采取以华治华方针，诱使国民党投降的伎俩。但在汪精卫眼里则是日本侵略者对中国的让步，至少他口头上是这样说的。他要求中国人民不要“辜负”日本的一片“苦心”，打起全副精神，使中日两国很迅速地走上共存共荣之路。

汪精卫认为：就东亚来说，三民主义就是大亚洲主义，大亚洲主义的内容就等于近卫三原则。1941 年 12 月，日本对英美宣战，所谓大东亚战争爆发。汪精卫把这场战争视为实践大亚洲主义。总之，汪伪所谓的“大亚洲主义”就是以中日“共存共荣”为核心，以近卫三原则为内容，以大东亚战争为手段。在这里，汪精卫把日本的侵略主义等同于“大亚洲主义”，又把“大亚洲主义”混同于“三民主义”，很显然，这是对孙中山“三民主义”的彻底背叛。

为了实践他对日本的承诺，汪精卫将三民主义的基础说成是中国固有文化，民族主义是为了反对英美帝国主义侵略，与日本合作，实行大亚洲主义，民生主义是为了反对共产主义，目前必须和日本连在一起，借得日本的援助实现“实业计划”。

还是让我们来回顾一下孙中山真正的意图吧。1924 年 11 月，孙中山北上途中，路经日本，神户商业会议所等团体邀请孙中山演说，并事先拟定了演讲的题目“大亚洲主义”。孙中山就按照这个题目临时发挥了一通。

该演讲篇幅不短，他对日本在亚洲率先摆脱被西方奴役的地位，取得了国家的独立表示赞赏，并誉之为亚洲独立的先声。在此同时，他对东方的王道文化大加赞扬，认为王道文化是仁义道德的文化，是感化人，不是压迫人。欧洲文化则不同，它注重功利、物质、武力，专门以压迫人为是，是霸道的文化。亚洲虽然在物质上不如西方，但在文化上优于西方。战胜霸道文化，抵抗武力的侵略，只有用武力才行。所以，亚洲各民族必须团结起来。文章最后说："你们日本民族既得到了欧美的霸道文化，又有亚洲王道文化的本质，从今以后对于世界文化的前途，究竟是做西方霸道的鹰犬，或是做东方王道的干城，就在你们日本国民去详审慎择。"实际上，他的话，明显是对日本人敲起了警钟！

就在这次访问日本的过程中，他表示对日本不会有别于对其他列强。他希望包括日本在内的各强国向苏俄学习，归还中国的主权。当有记者问他是否寄希望于日本带头帮助中国从外国统治下解放出来时，孙中山表示他相信日本人民，但对日本政府却没有把握。当时他身在日本，作为一个过路的客人，不便于对日本政府进行攻击，但对日态度却是明确的。

去世前的一个月，孙中山和戴季陶谈到对日本最少限度的主张时，他提到三点：日本必须放弃日本与中国所缔结的一切不平等条约；使朝鲜、中国台湾实现最少限度的自治；日本应该不反对他对苏联的政策。

孙中山对日本的警觉、对苏俄的好感，以及他坚持民族独立自决的精神，固然不会赢得日本帝国主义者的欢心。主子的好恶，奴才自然会淋漓尽致地表现。

在日本卵翼下的新民会是一个比较早的汉奸团体，1938 年该会制定的“宣传工作实施大纲”中曾表示：由新民主义批判三民主义，骂三民主义是西洋思想的糟粕等等，将共产主义和三民主义同时视为敌人，并要打倒“一党专横祸国殃民”的国民党。这从反面证明三民主义与卖国主义毫无共同之处。

作为国民党元老的汪精卫，曾经有过辉煌的历史，把他晚年与早期相比，相距不止十万八千里。《民报》时期他对三民主义的阐述，和他后期对三民主义的歪曲，宛若出自二人之手，膨胀的私欲能让人走得如此之远，不能不引起后人的警觉。

7 中共主张以“新三民主义”作为国共合作抗日的基础

抗日战争开始，抗日民族统一战线建立。中国共产党将三民主义分成旧三民主义和新三民主义，而国民党则反对这一划分。

表面上看，只是一种对主义理解不同而出现的分歧，不值得喋喋不休地争论。但实质上牵涉到国共间是和睦相处还是不共戴天的问题。共产党认为新三民主义是联俄、联共、扶助农工三大政策的三民主义。国民党认为三大政策只是一时的，是为主义服务的，由它决定主义的性质是本末倒置，有一些人则根本否定三大政策的存在，因为孙中山生前从来没有说过什么三大政策。

的确，从孙中山本人的言论、著作中找不出“联俄、联共、扶助农工”三大政策的具体表述，但是，孙中山晚年的言行，又明确表明了“联俄、联共、扶助农工”的思想。

就像本文前面曾说过，孙中山开始是把苏维埃俄国当成一根救国的“稻草”来捞的。当他满怀希望地指望西方各国给予他支持时，各资本主义国家非但没有给予帮助，反而站在反动派一边，只有苏维埃俄国派人来表示愿意帮助他，希望与他进行合作。

除了苏俄的努力外，有三点决定了孙中山必然会与俄国携手：首先，孙中山有明显的社会主义倾向，他对社会主义自始至终充满向往之情，从而使他自然而然地对苏俄的社会主义抱有好感。1918 年，孙中山就曾写信给列宁和苏俄政府，祝贺俄国革命成功，表示“中国革命党对贵国革命党所进行的艰苦斗争，表示十分钦佩，并愿中俄两党团结共同斗争”。

孙中山是一个伟大的爱国主义者。当各帝国主义对华纷纷伸出魔爪时，苏俄却采取截然不同的做法。1919 年 7 月和 1920 年 9 月，苏俄两次发表对华声明，表示废除帝俄对中国的一切不平等条约，放弃以前夺取的中国的一切领土，放弃帝俄在中国的一切特权。苏俄的义举，和巴黎和会上帝国主义各国出卖中国宰割中国的行径形成了鲜明的对比。任何一个爱国者都会深受感动，孙中山也是同样。

孙中山是革命的实践家。当他沿着欧美的道路建立共和时，失败总是追随左右。正在这时，苏维埃俄国出现了。孙中山想："同是革命，何以俄国能成功，而中国不能成功？"他认为："法、美共和国皆旧式的，今日唯俄国为新式的。""以俄为师"的结论就出来了。

从1918年开始，孙中山与苏俄的接触趋于频繁，终于在1923年1月发表了孙中山与苏俄代表越飞联名的宣言，即《孙文越飞宣言》，这个宣言声明中国目前最紧急的问题是国家的统一和独立，在完成这项事业时，中国当得到俄国国民最挚热的同情，并可以以俄国援助作为依赖。它标志着"联俄"政策正式实施。

国际问题上有联俄之举，国内有联共之为是顺理成章的。孙中山在世时召开的中国国民党第一次全国代表大会，中国共产党以个人的身份加入国民党，成为跨党党员。从而实现了联共的政策。

在中国共产党和共产国际的帮助下，孙中山的三民主义思想迈向了更高的台阶。《中国国民党第一次全国代表大会宣言》中对三民主义重新进行了解释，这一解释被孙中山定性为"国民党之三民主义，其真释具如此"。其权威性被认可。

就民族主义而言，《宣言》的突出之点有二：①指出民族主义的目标是反对帝国主义，帝国主义是全中国人民的敌人，因此，"盖民族主义对于任何阶级，其意义皆不外免除帝国主义之侵略"。除此而外，还表示以后"当努力于赞助国内各种平民阶级之组织，以发扬国民之能力。盖惟国民党与民众深切结合之后，中国民族之真正自由与独立始有可望也"。将争取民族独立和支持民众运动，获得民众支持相联系；②在国内各民族关系上，承认国内各民族的自决权，在反帝反军阀胜利后，组织一个各民族自由联合的中华民国，不再带有大汉族主义的倾向。

关于民权主义，孙中山强调“国民党之民权主义，则为一般平民所共有，非少数者所得而私也”，指责“近世所谓的民权制度，往往为资产阶级所专有，适成为压迫平民之工具”。国民党建立的民权，国民享有“四权”，政府实行“五权分立”为原则，鲜明地划分了民国人民与敌人的界线，这就是“凡真正反对帝国主义之个人及团体，均得享有一切自由及权利；而凡卖国罔民以效忠于帝国主义及军阀者，无论其为团体及个人，皆不得享有此等自由及权利”。从而重新界定了民权的精神。

在民生主义中，增加了扶助农工的内容。认识到中国以农立国，农民占人口的八九成，但农民却遭到严重的剥削，所以“国民党之主张，则以为农民之缺乏田地沦为佃户者，国家给以土地，资其耕作，并为之整顿水利，移殖荒徼，以均地力”，并且曾一度主张“耕者有其田”。他还认为工人的生活没有保障，国家除了救济工人失业外，还要制定劳工法，改良工人的生活。这类细致全面的设想以前是没有的。《宣言》还重申了“节制资本”的思想，并特别强调发展国营事业，防止私人资本操纵国民生计。

国民党《一大宣言》使三民主义的反帝反封建的色彩空前的鲜明，并将争取民权和现实的斗争紧紧相连，人们在争取民族解放的同时，获得民主的权力和民生的部分解放，切实体现了“扶助农工”的精神。因此，后人将《一大宣言》阐述的三民主义称为新三民主义是有道理的。而三大政策则是三民主义思想在新形势下的具体内容。

当然，联俄与联共并不等于将三民主义变成了马克思主义，并不表示国民党改组成了共产党。这点《孙文越飞宣言》早就有所规定：“孙逸仙博士以为共产组织，甚至苏维埃制度，事实均不能引用于中国。因中国并无使此项共产制度或苏维埃制度可以成功之情况也。此项见解，越飞君完全同感。”从而，确定中国革命为求得统一与独立的国民革命。

对此，中国共产党的认识是明确的。先是共产国际提出国共合作的设想，但遭到中共以陈独秀为首的领导人的反对，陈独秀的理由是：共产党和国民党革命的宗旨和所依据的基础不同。后来，在共产国际代表马林的帮助下，认识到中国的国民革命是社会主义革命以至于共产主义革命的必由之路。中国共产党只有加入国民革命，才能发动群众壮大自己，为将来的革命打好基础。他们视国民党为中国革命现阶段的同路人。

既然双方认识明确，界线分明，本不该争论不休。争执为什么会出现呢？让我们回顾一下历史。据说最早说出“联俄、联共、扶助农工”的是共产国际派来的鲍罗廷。他依据的是 1925 年 3 月 14 日《共产国际就孙中山逝世致中国人民大众书》，该文认为孙中山生前坚持的道路就是“同中国共产党一道，更加坚定地团结自己的队伍，依靠人民群众，继续走反对帝国主义的光荣的斗争道路”。如果说共产国际是未雨绸缪，鲍罗廷则是有所指的，他针对的是北伐过程中出现的反共排共倾向。事实上，在1926～1927年间，“三大政策”是当时国共两党都采用的口号，在以蒋介石为校长的黄埔军校里，这是一个公开的、常见的革命口号。

新三民主义就是三大政策的三民主义，这一论断，经毛泽东之口广为传播的。为了抗日，中共与国民党第二次合作。合作的思想基础是：“孙中山先生的三民主义为中国今日之必需，本党（中国共产党）愿为其彻底实现而奋斗。”但是，对于什么是“三民主义”，国共之间开始发生了争议。尤其是在1938年12月后，武汉被占领，日本以诱降取代强攻，国民党由积极抗日转而消极抗日，这时国共合作危机四起，以三民主义反对共产主义的历史再度重演，其中的关键就在于如何处理国共间的关系。中共认为三民主义与共产主义并不是对立的，国共间应该友好相处，共同抗日。这是以孙中山晚年的三大政策为据。国民党当然不便翻脸，于是来了一个否认三大政策，否认三民主义有新旧之分，这样，双方就在“三大政策”问题上争论开了。因此，毛泽东在《新民主主义论》中专门论述了“新三民主义”与“旧三民主义”，从而表明这是国共间长期争论的一个焦点。

结 语

1925年3月12日，孙中山在北京逝世。此后，国民党称他为“国父”，共产党誉他为“革命的先行者”。国外有些人视他为“壮志未酬的革命者”。出身贫寒，凭着自己不懈的、顽强的努力，推翻了中国几千年一贯的封建制度，力图在这块古老的土地上建立一个崭新的超越中国现存国家体制的中华民国。这是孙中山富有传奇色彩的一生对中国历史作出的最大的贡献。

孙中山理想的民国是这样的：在国际上中国是一个完全独立自主的国家。国内各民族一律平等。人民是国家的主人，人民通过选举、罢免官吏，制定、复决法律，行使权利，以法制取代人治。全社会是和谐的，没有阶级，没有斗争，只有互助。在国家的保护和扶持下，引进科学的生产方式，在国有资本占优势的前提下，私人工业得到充分的发展，但反对垄断资本。优先发展与国计民生休戚相关的食、衣、住、行，真正做到“民有、民治、民享”。

当他驾驶着中国这只千疮百孔的旧船，吱吱呀呀地向自己的目标前进时，机器的蹩脚，船员的各怀心思，使他不得不多次抛锚，停滞不前，甚至偏离航向；封建主义的痼疾，资本主义社会的毛病，是他时刻提防的暗礁，稍有疏忽，就会触礁漏水甚至遭受灭顶之灾。1911 年辛亥革命之后，袁世凯、张勋的两次复辟，北洋军阀和各个军阀的统治，就是生动的事例。

孙中山凭着对祖国深深的热爱和崇高的责任感，“愈挫愈奋”。继反清斗争之后，他先后发动了“护国”、“护法”战争，后在广东、广西一带组织力量，从事于北伐。为了得到更多的同情和支持，也为了指明方向，他创立了三民主义理论，在实践中反复的磨砺、修改、补充，使三民主义理论经历了三个发展时期：即辛亥革命前为第一时期，推翻“满清”外族统治的民族主义，建立美国式的议会国家的民权主义，平均地权的民生主义，是这时三民主义的主要内容。辛亥革命后到 1922 年为第二时期，摆脱帝国主义的压迫、平均地权、节制资本发展国家资本主义，变代议制为直接民权，体现了这一阶段孙中山理论的基本内核。1922 ~ 1925 年，为第三时期，他的思想中明确了联俄、容共、扶助农工的方向，强调主权属于全体人民，把“耕者有其田”放入民生主义之中，认识到帝国主义的侵略是造成中国贫穷落后的根源，使三民主义达到了一个新的更高的境界。

孙中山是一个务实的政治家和理论家。他竭力揭示中国的主要矛盾。他的努力获得了一定的成功。三民主义理论是马克思主义传播前，最先进的救国治国理论，它比较深刻鲜明地揭示了中国社会的主要矛盾，成为当时社会所必需。

三民主义理论体现了中国爱国人士积极向上，不断进取，取法乎上的精神。他描绘的中华民国，经济上受惠于资本主义，政治上得益于民主主义，社会分配上倾向于社会主义。

三民主义是孙中山为首的一代革命家，用进化论作为自己的世界观，在纷杂的各种思想的百花园里，采撷自己需要的花粉酿造出的救国之蜜。三民主义，用西方资本主义共和制度为蓝本，以中国传统的民本思想为嫁接点，用苏俄的组织和革命的手段为方法，融合而成。

1925 年，孙中山刚刚在北京告别人世不久，为了排斥共产党，戴季陶率先说出“共信不立、互相不生，互相不生、团结不固”的话来，用三民主义反对马克思主义，进而力图将中共赶出国民党，将马克思主义扫地出门。

国共合作破裂后，国民党内的纷争愈演愈烈。除了兵戎相见外，“三民主义”成了各派斗争的核心。无论是改组派、南京政权，还是胡汉民，都以得孙中山“真传”自居。每当各派相持不下时，主义之争也是酣战不已，而当一派占据绝对优势时，关于主义的喧嚣则渐趋平息。

到后来，国民政府时期，孙中山的思想，部分被当权者采用，作为治国方案。比如南京国民政府五院制的形式，“以党治国”的方案，训政时期的划分等等，与孙中山的思想主张是有关联的。

除此而外，三民主义还曾作为思想统一的基础，承担了中华民国正统思想的重担。这方面叶青竭尽了全力。叶青原名任卓宣，早年曾加入中国共产党。大革命后脱离共产党，加入国民党，并且成为一个反共反马克思主义的急先锋。他专门从事于宣传三民主义，以三民主义理论家的面目出现。他将戴季陶的所谓孙文的哲学基础的论断、胡汉民的连环的三民主义的见解，以及其他各派的某些观点，捏合起来，并运用一些哲学政治学理论，包括马克思主义，重新解说三民主义。他的努力得到了国民党当权者的赞许，他的书成为国统区以及台湾地区宣讲“三民主义”的范本。

从三民主义的命运我们可以看到，正如人们不能穷尽真理一样，人们创造的理论也不可能尽善尽美。再好的理论，绝不等于现实，也不该等于现实。一方面理论应该超越现实，才有指导意义，一方面现实又是瞬息万变，而人的头脑和生命却是有限的，就像世代的画家，永远能够从自然中发现新的美景一样。从这个意义上我们就可以理解“理论是灰色的，而生命之树常青”的道理。

三民主义理论，同样没能逃脱“灰色”的命运。一方面，孙中山本人始终没有完全清醒地意识到事业赖以依靠的力量，在遗嘱中他反省要“唤起民众”，就是证明。同时，他也没有找到通往民国的正确道路，从而他的理论的可行性就打了折扣；另一方面，三民主义理论是与现实斗争密切关联的，从初次提出到孙中山去世，其间经历了30多年的风风雨雨，理论被多次修改，三民主义理论来源又十分庞杂，严重影响了理论的严谨。仁者见仁，智者见智，外加不肖子孙的歪曲滥用，使孙中山这份宝贵的遗产在他身后被弄得四分五裂，出现了五花八门的三民主义。

我们今天用马克思主义的解剖刀，对“三民主义”理论产生、形成、发展和被歧解的历史，作出必要的分析，有利于我们对近代中国纷繁复杂的历史过程的理解，也有利于我们从中吸取真正有益于今天现实的东西，为建设有中国特色的社会主义体制服务。这是我们写作这个题目的宗旨。

参考书目

1.《孙中山全集》第1、9卷，中华书局，1981～1986。

2. 广东省哲学社会科学研究所、中国社会科学院近代史研究所、中山大学历史系编《孙中山年谱》，中华书局，1980。

3. 孙中山研究会编《回顾与展望·国内外孙中山研究述评》，中华书局，1986。

4.《孙中山研究论文集》上、下，四川人民出版社，1986。

5. 曹锡仁著《幻想与现实·中国道路》，陕西人民出版社，1986。

6. 邵德门著《孙中山政治学说研究》，东北师范大学出版社，1982。

7. 刘枫、曹均伟著《孙中山民生主义研究》，上海社会科学院出版社，1987。

8. 贺渊著：《三民主义与中国政治》，社会科学文献出版社，1998。

《中国史话》总目录

系列名	序号	书名	作者
物质文明系列（10种）	1	农业科技史话	李根蟠
	2	水利史话	郭松义
	3	蚕桑丝绸史话	刘克祥
	4	棉麻纺织史话	刘克祥
	5	火器史话	王育成
	6	造纸史话	张大伟　曹江红
	7	印刷史话	罗仲辉
	8	矿冶史话	唐际根
	9	医学史话	朱建平　黄　健
	10	计量史话	关增建
物化历史系列（28种）	11	长江史话	卫家雄　华林甫
	12	黄河史话	辛德勇
	13	运河史话	付崇兰
	14	长城史话	叶小燕
	15	城市史话	付崇兰
	16	七大古都史话	李遇春　陈良伟
	17	民居建筑史话	白云翔
	18	宫殿建筑史话	杨鸿勋
	19	故宫史话	姜舜源
	20	园林史话	杨鸿勋
	21	圆明园史话	吴伯娅
	22	石窟寺史话	常　青
	23	古塔史话	刘祚臣

系列名	序号	书名	作者
物化历史系列（28种）	24	寺观史话	陈可畏
	25	陵寝史话	刘庆柱　李毓芳
	26	敦煌史话	杨宝玉
	27	孔庙史话	曲英杰
	28	甲骨文史话	张利军
	29	金文史话	杜　勇　周宝宏
	30	石器史话	李宗山
	31	石刻史话	赵　超
	32	古玉史话	卢兆荫
	33	青铜器史话	曹淑芹　殷玮璋
	34	简牍史话	王子今　赵宠亮
	35	陶瓷史话	谢端琚　马文宽
	36	玻璃器史话	安家瑶
	37	家具史话	李宗山
	38	文房四宝史话	李雪梅　安久亮
制度、名物与史事沿革系列（20种）	39	中国早期国家史话	王　和
	40	中华民族史话	陈琳国　陈　群
	41	官制史话	谢保成
	42	宰相史话	刘晖春
	43	监察史话	王　正
	44	科举史话	李尚英
	45	状元史话	宋元强
	46	学校史话	樊克政
	47	书院史话	樊克政
	48	赋役制度史话	徐东升
	49	军制史话	刘昭祥　王晓卫

系列名	序号	书名	作者
制度、名物与史事沿革系列（20种）	50	兵器史话	杨　毅　杨　泓
	51	名战史话	黄朴民
	52	屯田史话	张印栋
	53	商业史话	吴　慧
	54	货币史话	刘精诚　李祖德
	55	宫廷政治史话	任士英
	56	变法史话	王子今
	57	和亲史话	宋　超
	58	海疆开发史话	安　京
交通与交流系列（13种）	59	丝绸之路史话	孟凡人
	60	海上丝路史话	杜　瑜
	61	漕运史话	江太新　苏金玉
	62	驿道史话	王子今
	63	旅行史话	黄石林
	64	航海史话	王　杰　李宝民　王　莉
	65	交通工具史话	郑若葵
	66	中西交流史话	张国刚
	67	满汉文化交流史话	定宜庄
	68	汉藏文化交流史话	刘　忠
	69	蒙藏文化交流史话	丁守璞　杨恩洪
	70	中日文化交流史话	冯佐哲
	71	中国阿拉伯文化交流史话	宋　岘

系列名	序号	书名	作者
思想学术系列（21种）	72	文明起源史话	杜金鹏　焦天龙
	73	汉字史话	郭小武
	74	天文学史话	冯　时
	75	地理学史话	杜　瑜
	76	儒家史话	孙开泰
	77	法家史话	孙开泰
	78	兵家史话	王晓卫
	79	玄学史话	张齐明
	80	道教史话	王　卡
	81	佛教史话	魏道儒
	82	中国基督教史话	王美秀
	83	民间信仰史话	侯　杰
	84	训诂学史话	周信炎
	85	帛书史话	陈松长
	86	四书五经史话	黄鸿春
	87	史学史话	谢保成
	88	哲学史话	谷　方
	89	方志史话	卫家雄
	90	考古学史话	朱乃诚
	91	物理学史话	王　冰
	92	地图史话	朱玲玲
文学艺术系列（8种）	93	书法史话	朱守道
	94	绘画史话	李福顺
	95	诗歌史话	陶文鹏
	96	散文史话	郑永晓
	97	音韵史话	张惠英
	98	戏曲史话	王卫民
	99	小说史话	周中明　吴家荣
	100	杂技史话	崔乐泉

系列名	序号	书名	作者
社会风俗系列（13种）	101	宗族史话	冯尔康　阎爱民
	102	家庭史话	张国刚
	103	婚姻史话	张　涛　项永琴
	104	礼俗史话	王贵民
	105	节俗史话	韩养民　郭兴文
	106	饮食史话	王仁湘
	107	饮茶史话	王仁湘　杨焕新
	108	饮酒史话	袁立泽
	109	服饰史话	赵连赏
	110	体育史话	崔乐泉
	111	养生史话	罗时铭
	112	收藏史话	李雪梅
	113	丧葬史话	张捷夫
近代政治史系列（28种）	114	鸦片战争史话	朱谐汉
	115	太平天国史话	张远鹏
	116	洋务运动史话	丁贤俊
	117	甲午战争史话	寇　伟
	118	戊戌维新运动史话	刘悦斌
	119	义和团史话	卞修跃
	120	辛亥革命史话	张海鹏　邓红洲
	121	五四运动史话	常丕军
	122	北洋政府史话	潘　荣　魏又行
	123	国民政府史话	郑则民
	124	十年内战史话	贾　维
	125	中华苏维埃史话	杨丽琼　刘　强
	126	西安事变史话	李义彬
	127	抗日战争史话	荣维木

系列名	序号	书名	作者
近代政治史系列（28种）	128	陕甘宁边区政府史话	刘东社　刘全娥
	129	解放战争史话	朱宗震　汪朝光
	130	革命根据地史话	马洪武　王明生
	131	中国人民解放军史话	荣维木
	132	宪政史话	徐辉琪　付建成
	133	工人运动史话	唐玉良　高爱娣
	134	农民运动史话	方之光　龚　云
	135	青年运动史话	郭贵儒
	136	妇女运动史话	刘　红　刘光永
	137	土地改革史话	董志凯　陈廷煊
	138	买办史话	潘君祥　顾柏荣
	139	四大家族史话	江绍贞
	140	汪伪政权史话	闻少华
	141	伪满洲国史话	齐福霖
近代经济生活系列（17种）	142	人口史话	姜　涛
	143	禁烟史话	王宏斌
	144	海关史话	陈霞飞　蔡渭洲
	145	铁路史话	龚　云
	146	矿业史话	纪　辛
	147	航运史话	张后铨
	148	邮政史话	修晓波
	149	金融史话	陈争平
	150	通货膨胀史话	郑起东
	151	外债史话	陈争平
	152	商会史话	虞和平
	153	农业改进史话	章　楷
	154	民族工业发展史话	徐建生
	155	灾荒史话	刘仰东　夏明方
	156	流民史话	池子华
	157	秘密社会史话	刘才赋
	158	旗人史话	刘小萌

系列名	序号	书名	作者
近代中外关系系列（13种）	159	西洋器物传入中国史话	隋元芬
	160	中外不平等条约史话	李育民
	161	开埠史话	杜　语
	162	教案史话	夏春涛
	163	中英关系史话	孙　庆
	164	中法关系史话	葛夫平
	165	中德关系史话	杜继东
	166	中日关系史话	王建朗
	167	中美关系史话	陶文钊
	168	中俄关系史话	薛衔天
	169	中苏关系史话	黄纪莲
	170	华侨史话	陈　民　任贵祥
	171	华工史话	董丛林
近代精神文化系列（18种）	172	政治思想史话	朱志敏
	173	伦理道德史话	马　勇
	174	启蒙思潮史话	彭平一
	175	三民主义史话	贺　渊
	176	社会主义思潮史话	张　武　张艳国　喻承久
	177	无政府主义思潮史话	汤庭芬
	178	教育史话	朱从兵
	179	大学史话	金以林
	180	留学史话	刘志强　张学继
	181	法制史话	李　力
	182	报刊史话	李仲明
	183	出版史话	刘俐娜

系列名	序号	书名	作者
近代精神文化系列（18种）	184	科学技术史话	姜　超
	185	翻译史话	王晓丹
	186	美术史话	龚产兴
	187	音乐史话	梁茂春
	188	电影史话	孙立峰
	189	话剧史话	梁淑安
近代区域文化系列（11种）	190	北京史话	果鸿孝
	191	上海史话	马学强　宋钻友
	192	天津史话	罗澍伟
	193	广州史话	张　苹　张　磊
	194	武汉史话	皮明庥　郑自来
	195	重庆史话	隗瀛涛　沈松平
	196	新疆史话	王建民
	197	西藏史话	徐志民
	198	香港史话	刘蜀永
	199	澳门史话	邓开颂　陆晓敏　杨仁飞
	200	台湾史话	程朝云

《中国史话》主要编辑
出版发行人

总 策 划　谢寿光　王　正

执行策划　杨　群　徐思彦　宋月华
梁艳玲　刘晖春　张国春

统　　筹　黄　丹　宋淑洁

设计总监　孙元明

市场推广　蔡继辉　刘德顺　李丽丽

责任印制　岳　阳